ZEN

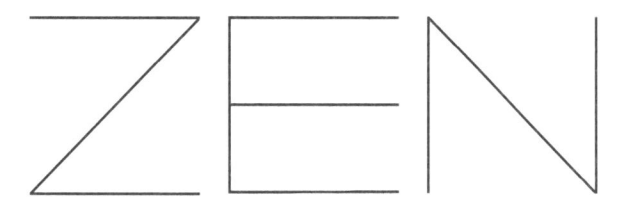

CB061684

ZEN

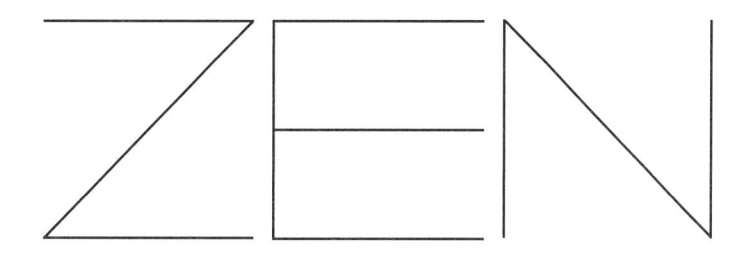

Pensamentos da Monja Coen
nas palavras de Leandro Gyokan Saraiva

Ilustrações: Vera Ferro

PAPIRUS 7 MARES

Capa	Fernando Cornacchia
Ilustrações	Vera Ferro
Preparação de originais	Maria Paula Carvalho Bonilha
Coordenação e edição	Ana Carolina Freitas
Diagramação	DPG Editora
Revisão	Isabel Petronilha Costa

Dados Internacionais de Catalogação na Publicação (CIP)
(Câmara Brasileira do Livro, SP, Brasil)

Saraiva, Leandro Gyokan
  Zen: Pensamentos da Monja Coen nas palavras de Leandro Gyokan Saraiva/ilustrações Vera Ferro. – Campinas, SP: Papirus 7 Mares, 2019. – (Coleção PresenteArte)

ISBN 978-85-9555-027-8

1. Buda – Ensinamentos 2. Coen, Monja 3. Pensamentos 4. Reflexões 5. Zen-budismo I. Ferro, Vera. II. Título. III. Série.

19-31228   CDD-294.3927

Índice para catálogo sistemático:

1. Zen-budismo: Religião   294.3927

Cibele Maria Dias – Bibliotecária – CRB-8/9427

1ª Edição – 2019

Exceto no caso de citações, a grafia deste livro está atualizada segundo o Acordo Ortográfico da Língua Portuguesa adotado no Brasil a partir de 2009.

Proibida a reprodução total ou parcial da obra de acordo com a lei 9.610/98. Editora afiliada à Associação Brasileira dos Direitos Reprográficos (ABDR).

DIREITOS RESERVADOS PARA A LÍNGUA PORTUGUESA:
© M.R. Cornacchia Editora Ltda. – Papirus 7 Mares
R. Barata Ribeiro, 79, sala 316 – CEP 13023-030 – Vila Itapura
Fone: (19) 3790-1300 – Campinas – São Paulo – Brasil
E-mail: editora@papirus.com.br – www.papirus.com.br

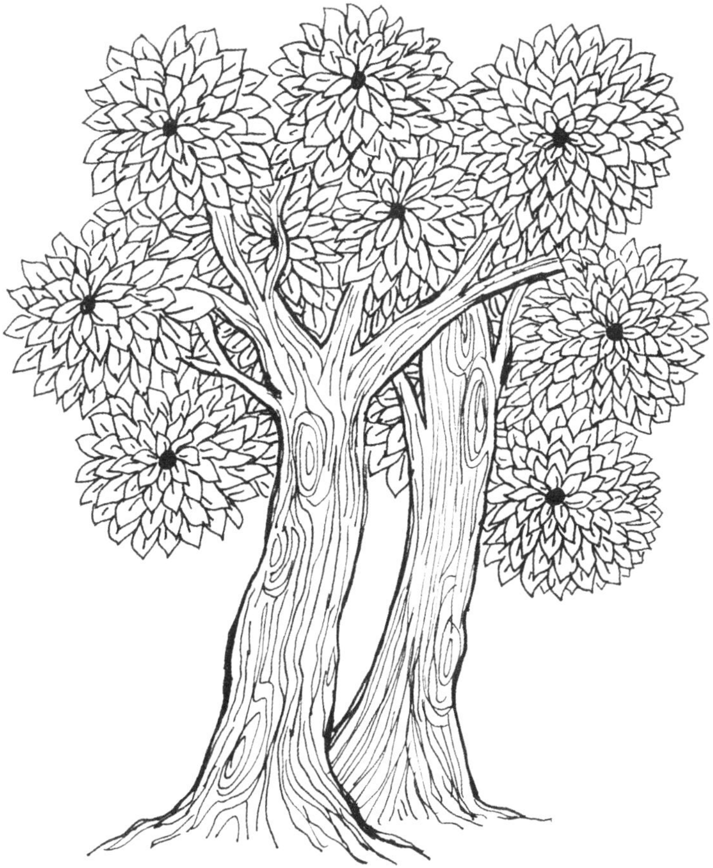

PREFÁCIO

Os textos budistas clássicos descrevem 108 portais para a Iluminação. Os rosários budistas – chamados *de japa-mala* na Índia e de *juzu* no Japão – são de 108 contas ou submúltiplos.

Quais são esses portais? Seriam os obstáculos capazes de se transformar em portais? Acredito que sim. Cada dúvida, cada incerteza nos leva a uma procura mais intensa e verdadeira.

Os *juzu* ou *japa-mala* são usados para preces e meditações. A ciência tem comprovado que elas podem facilitar o processo de cura e recuperação de várias doenças físicas e espirituais/psíquicas/mentais.

Se, ao rezar o terço ou rosário, os cristãos repetem ave-marias, pais-nossos e/ou salve-rainhas, há grupos budistas que usam as 108 contas para invocar o nome de um dos vários budas (aquele/aquela que despertou) ou de um dos inúmeros bodisatvas (seres iluminados). É um caminho para a concentração, a presença pura. Desenvolve a plena atenção e purifica os processos mentais.

Alguns grupos do budismo tibetano repetem, para invocar a Grande Compaixão, o mantra: "Om Mani Padme Hum". No budismo da Terra Pura japonesa, repete-se "Namu Amida Butsu", e os chineses dizem "O Mi To Fu", invocando o Buda da Luz Infinita.

"Namu Myo Ho Rengue Kyo" é a frase usada em japonês para invocar as bênçãos do Sutra da Flor de Lótus da Lei Maravilhosa.

Para invocar o fundador do budismo, repete-se usando-se o som do japonês: "Namu Xaquiamuni Buda". Para invocar a Grande Compaixão, entoa-se da mesma forma: "Namu Kanzeon Bosatsu".

Quando conversei com Leandro Gyokan – que é escritor e roteirista de cinema e TV – para selecionar 108 parágrafos entre minhas inúmeras falas, quer em palestras públicas, quer em práticas aqui no templo, pensei que elas poderiam ser usadas como um *juzu*. Não apenas para repetir, mas para elevar nossos pensamentos a outro nível de consciência, a fim de nos libertar de apegos e aversões.

A sabedoria perfeita e a compaixão ilimitada são os dois pilares principais de todos os ensinamentos de Buda. Leandro Gyokan selecionou frases e pensamentos que venho transmitindo há anos. Todos baseados nos ensinamentos de Buda através da tradição Soto Shu, a que pertenço, com a ótica de meus mestres de formação: Koun Taizan Daiosho (Maezumi Roshi), Zengetsu Suigan Daiosho (Yogo Roshi) e minha mestra de treinamento durante 12 anos no Japão, Aoyama Roshi.

Leandro Gyokan, cujo nome budista significa "prática da observação profunda", transformou palavras faladas, tradição oral, em palavras escritas. Talvez não tenha usado as mesmas expressões que eu usaria, mas as redigiu de forma clara, mantendo a compreensão profunda, sem perder o significado original.

Assim sendo, agradeço profundamente a ele pelo trabalho de mais de dois anos na compilação e na revisão das frases. Li e reli suas propostas, e tudo o que está neste livro foi revisado e aprovado por mim.

Qual não foi minha alegria quando a Papirus Editora perguntou-me se eu não teria um livro de pensamentos inspiradores. Havíamos terminado de lançar dois livros juntas: *O inferno somos nós: Do ódio à cultura de paz*, com Leandro Karnal, e *Nem anjos nem demônios: A humana escolha entre virtudes e vícios*, com Mario Sergio Cortella.

Os textos escolhidos por Leandro Gyokan estavam quase todos compilados e revisados. A editora leu e aprovou. A obra também foi devidamente revisada pela praticante zen, escritora e revisora Maria Paula Carvalho Bonilha. Assim, aqui está o resultado que apresentamos a você agora.

Leia e reflita. Se for de sua compreensão utilizar esses ensinamentos, assim o faça. Se não for, descarte.

Espero que encontre nestas palavras um estímulo saudável para viver com plenitude, apreciar sua vida, tornar-se excelente no que estiver fazendo, encontrar apoio para superar as dificuldades que todos nós atravessamos nesta jornada humana.

Que todos os seres possam se beneficiar, que haja respeito e ternura e que possamos assim nos tornar o Caminho Iluminado.

Mãos em prece,
Monja Coen

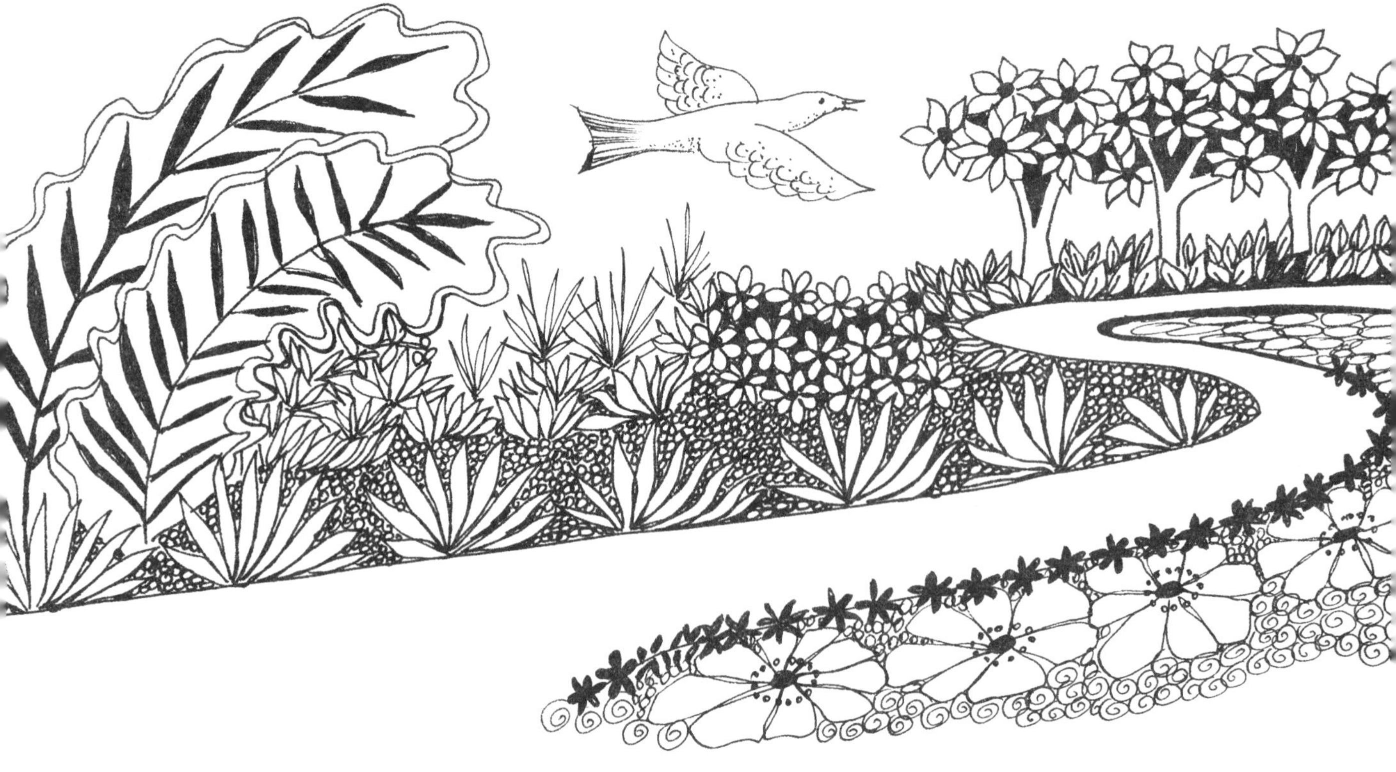

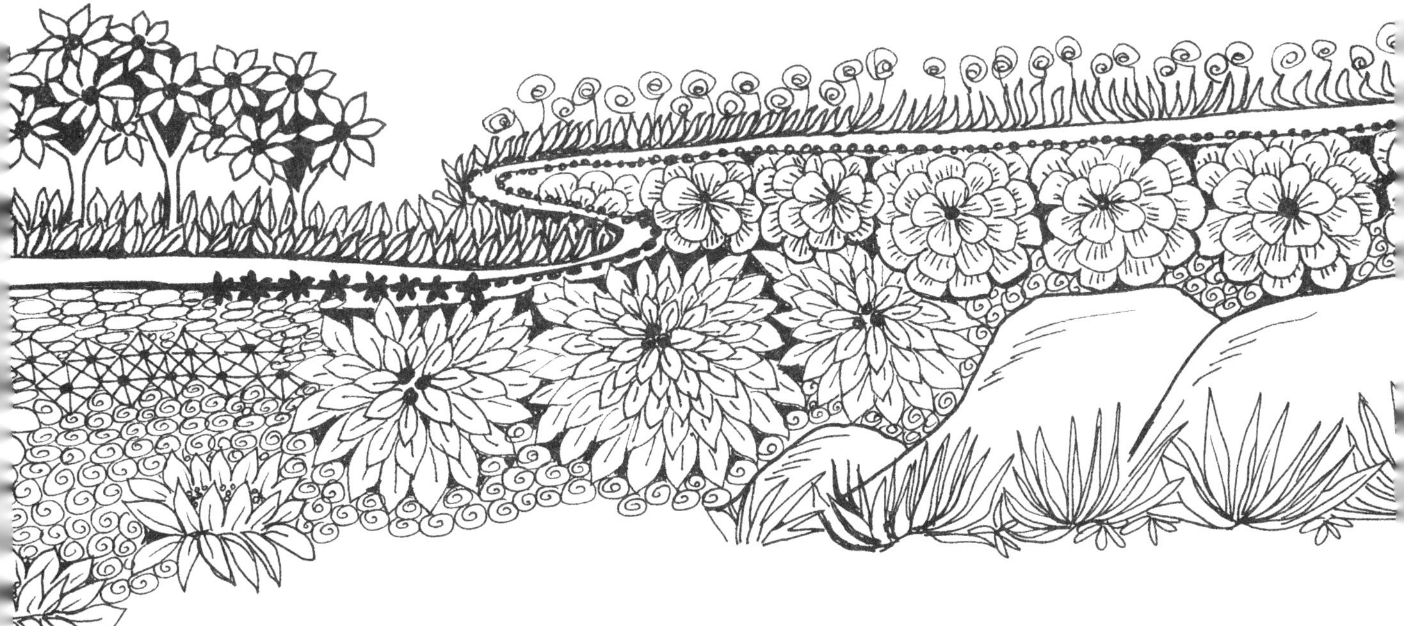

O poder congelante da irritação

Quando me irrito e, tomado pela raiva, me exaspero contra o que alguém faz ou diz – e em geral quem mais me irrita são as pessoas que amo –, congelo o movimento do outro. Tentando paralisá-lo com minha irritação também me congelo, deixo-me prender em minha própria teia. Se apenas respiro conscientemente, observando a irritação chegar, buscando suas raízes, vejo que meu movimento é interdependente com o do outro. Passo a me entender melhor e sou mais capaz de conduzir esse movimento simultâneo, que sou eu e o outro, para águas menos turvas. Controle sua raiva ou seja controlado por ela. Como aprender esse fluir? Zazen.

Eles somos nós

Fui roubado. Sofri uma violência. Ou, de modo mais trágico: mataram meu filho. Quem são esses agressores? São monstros? São seres humanos que não sabem lidar com a vida. Não estamos separados "deles". Somos, intersomos, somos corresponsáveis. A compaixão nem sempre é algo natural, visceral. Ela tem que ser cultivada. Todos os dias fazemos escolhas, e a nossa vida é a vida da Terra. E assim vamos transformando esta egrégora. Não pela força, não pela violência, mas pelo trabalho – lento, muito lento – da compaixão.

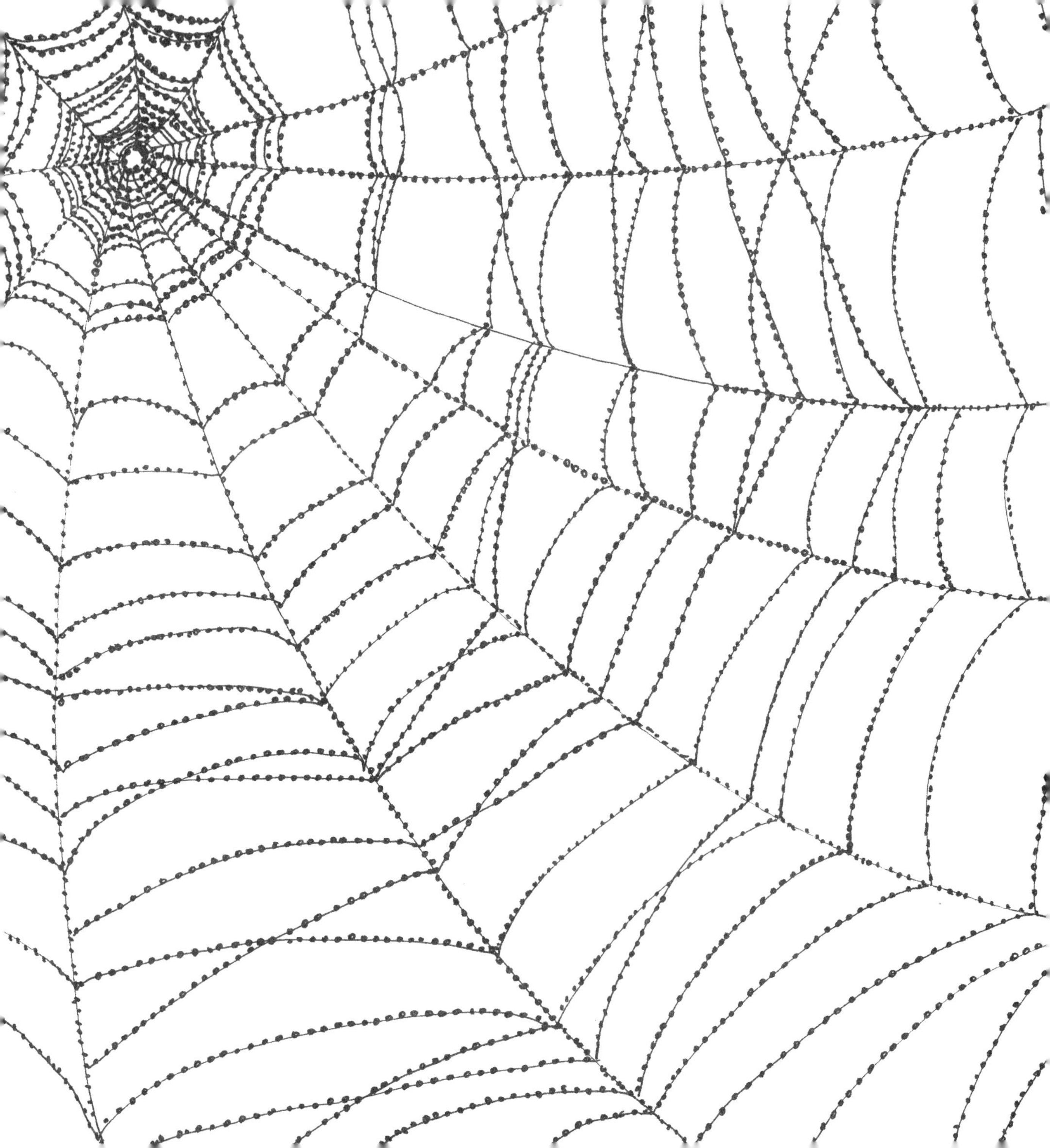

Minha ganância, raiva e ignorância

O que cada um fala, faz e pensa mexe na teia da vida, na cidade, em sua harmonia ou desarmonia. A prece budista do arrependimento diz: "Todo carma prejudicial alguma vez cometido por mim, devido a minha ganância, raiva e ignorância sem limites, nascido de meu corpo, boca e mente, de tudo eu me arrependo". De meu corpo, boca e mente. De meu corpo, minha interferência na teia da vida. Meu gesto, tantas vezes agressivo, atravessado, em desarmonia com os outros. De minha boca, minha fala, tantas vezes terrível. Arma poderosa, capaz de destruir um ser humano. De minha mente, meus pensamentos. Como penso a vida e, também pelo pensamento, como a construo e a reconstruo?

Liberdade, liberdade

A Iluminação não é uma sensação especial, nem algo sobre o qual podemos pensar ou falar, pois, pensando e falando sobre ela, a perdemos. Ela é o acesso a um estado de clareza, sutil e profundo, que faz cessar as dúvidas, libertando-nos. Do quê? Das amarras do nascimento-morte. Penetramos o conhecimento de que tudo, a cada instante, está nascendo-morrendo e, portanto, não há nascimento a ser desejado, nem morte a ser rejeitada.

O olhar do Darma vê através das emoções

Queremos emoções! Mas como chegar à fonte antes que a emoção apareça? Se estivermos tomados pelas emoções, não veremos a realidade como ela é. Ver com a clareza do Darma. Ver a partir do lugar onde o olho descansa, acessar um estado para além das emoções para que não pintemos a realidade com suas cores. Porque, afinal, a realidade jamais vai se adequar a essas pinturas.

Disciplina

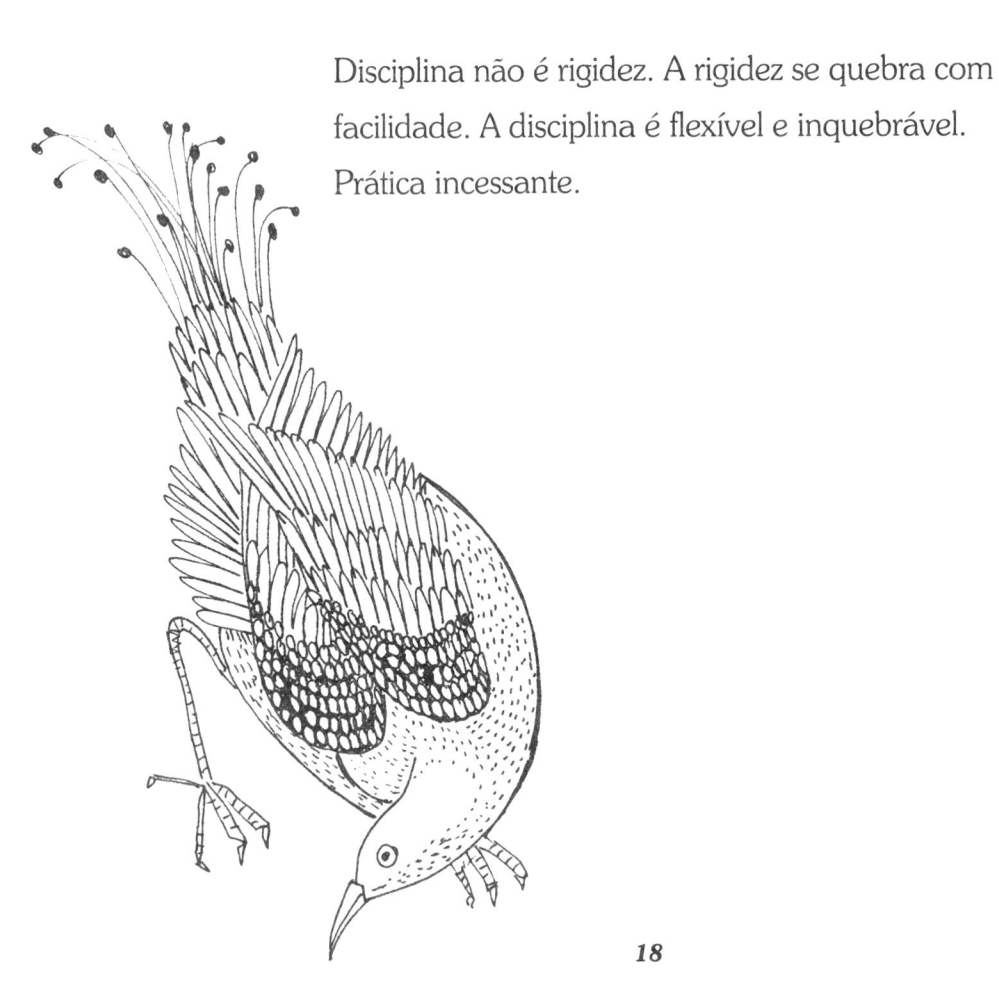

Disciplina não é rigidez. A rigidez se quebra com facilidade. A disciplina é flexível e inquebrável. Prática incessante.

Observar a mente

Meditar não é cessar a atividade mental. Isso não é meditação: é morte encefálica. Meditar também não é contemplar, olhar para o mundo. A correta percepção do mundo é um resultado, mas a meditação é a mente em observação da própria mente. O que são pensamentos? Como se formam? E as emoções? E as memórias? Observe. Posso pensar o que quiser, mas sou responsável pelo que penso. E o que penso modifica a realidade.

E agora, José?

Para onde vou agora? O que faço da minha vida? O que é essencial? Sabendo que a morte é tão próxima a todos, como alcançar o essencial? Você está realizando todo o seu potencial, a cada instante? Tempo rapidamente se esvai e oportunidade se perde. Cada um de nós deve se esforçar para despertar. Cuidado! Não desperdice esta vida!

Tudo é divino, maravilhoso

O budismo é uma religião do real. Ele procura nos colocar em conexão com a realidade, esta mesma na qual vivemos e morremos, e não nos levar a uma outra dimensão. Aqui, agora, em constante transformação.

Causas e condições

Tudo o que existe é resultado de causas e condições. Mas não de modo unidimensional e linear. É uma trama complexa, uma teia, da qual nossas ações e nossos pensamentos são parte integrante. Como responder aos desafios e às provocações do mundo com responsabilidade, sem meramente reagir? Como participar da teia da vida de modo responsável? Observe sua mente.

Uma só torcida

Ódio, tristeza, raiva, tudo isso existe em nós. O que estimularmos crescerá em nós e nos outros. Se estimulamos, exercitamos a raiva em nós, provocamos a raiva nos outros também. Imagine o horror de uma população raivosa! O que fazer para evitar essa reação em cadeia? Em primeiro lugar, perceber. Perceber inclusive as manipulações sociais. Desconfiar das identificações imediatas e apaixonadas. Desconfiar das camisetas que nos querem fazer vestir e escolher apreciar a beleza do jogo do qual todos participam.

Conexões neurais, estados mentais e plena atenção

A depressão, como os outros estados mentais, é um determinado sistema de conexões neurais que se estabelece. Somos plásticos. Construímos, cultivamos, permanentemente, conexões neurais, que, a partir de determinado ponto, parecem se tornar sólidas. Sólidas, sim, mas não imutáveis. Se elas apresentam fundamento na bioquímica cerebral, uma intervenção poderá ser necessária, com medicamentos, para alterá-las. Mas, com ou sem remédios, é possível observar quais conexões estamos construindo, quais estados mentais cultivamos. No miúdo, nos infinitos instantes presentes, com plena atenção. Atentando para os pequenos detalhes e movimentos, para o modo de sentar-se, de abrir uma porta, de tomar banho, nos libertamos dos automatismos que nos aprisionam no ego. Aqui, agora, já.

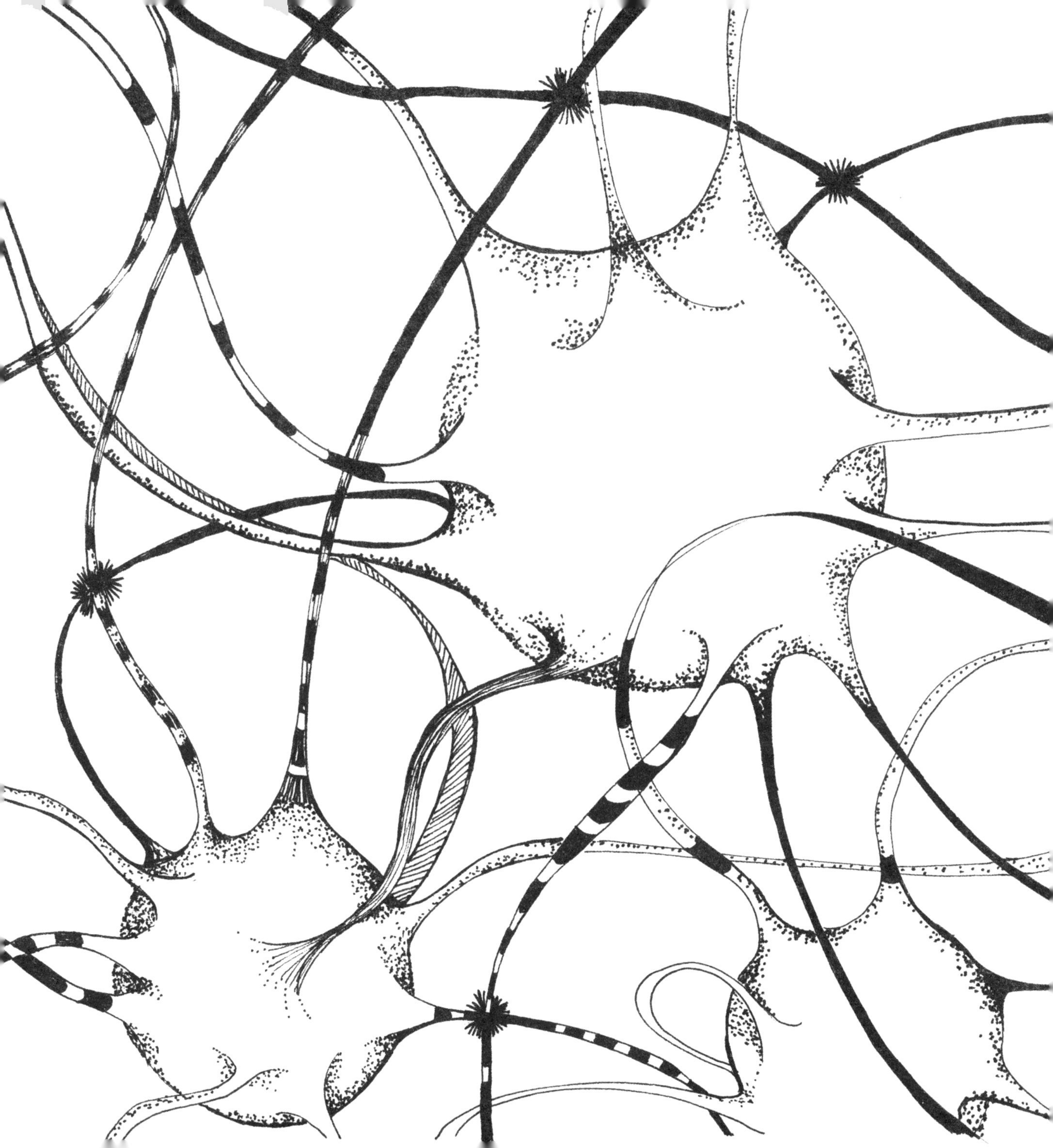

Não tenha medo do medo

Não tenha medo do medo. No zazen, apenas observamos: onde começa seu medo? Você sente arrepios? O coração dispara? Como respira? E vá adiante: o que dispara a campainha? Se não há causa, perceba que a campainha está desregulada. Muitos grandes atores dizem que o medo do palco é inevitável e estimulante, deixa-os mais atentos, presentes. Como na história de Buda em que o homem, à noite, na penumbra de seu quarto, vê uma cobra e paralisa de medo. Na manhã seguinte, a cobra se revela um galho inofensivo. Ver com clareza é nossa meta.

Apenas respire... e medite

Respire. Apenas respire, conscientemente. Perceba que está respirando, aqui, agora. Nada é obstáculo à meditação. Não há lado de fora. Apenas acolha e observe o que lhe chega. E assim nos preparamos para que essa atitude, de atenção absoluta, seja nosso modo de vida.

As curvas do caminho

"Ande reto numa estrada cheia de curvas", diz o koan.
Não se prenda às palavras. Ande. Siga a estrada e suas curvas.
Só há uma direção a seguir: a da natureza. Mas cuidado, pois
a natureza não são seus desejos. O apego aos desejos nos
impede de perceber o movimento natural. Busque apenas
olhar para o universo e para as pessoas, de modo livre.
Livre das classificações, dos julgamentos e dos apegos.
Esse é o caminho.

Somos mais do que a soma de eus

Cada um é o centro da mandala de sua vida. Nossos relacionamentos são entrelaçamentos de mandalas. Um casal é a criação de uma nova mandala. Surge um nós, uma nova unidade de percepção e ação. Não só de palavras. Surge no olhar comum, em sua transparência de intenções, a cada momento. Além das palavras, além do eu, por meio de um exercício amoroso e cotidiano de compaixão, surge um nós.

A refeição compartilhada

É muito comum que alguém diga: gosto muito disto ou daquilo. De uma comida, por exemplo. Mas quem perguntou? Será que falar de seu prazer com algo torna, de fato, o momento daquela refeição melhor para os outros? Ir além do ego não é uma façanha esotérica fantástica. É um exercício cotidiano, aqui, agora, feito na relação com tudo e com todos.

Paz também é prática e movimento

A paz não é um estado permanente, inalterado, de tranquilidade. Não existe nada permanente. A paz é a capacidade de perceber nossas oscilações e voltar rapidamente à tranquilidade. É como na atividade física: quando se está bem-condicionado, depois de um esforço, o corpo volta rapidamente ao seu estado de repouso. Com a mente é o mesmo. Ela nunca para. É preciso, então, condicioná-la pela prática incessante.

Retorno e me abrigo nos Três Tesouros

Indo, indo, sempre para frente, diz o Sutra do Coração. Não há ponto de retorno. Buda não está no passado nem no futuro, mas no movimento constante. Então, quando dizemos "retorno e me abrigo em Buda, retorno e me abrigo no Darma, retorno e me abrigo na Sanga", não se trata de voltar a um ponto fixo, de origem da Verdade. Mas de um constante reencontro com os Três Tesouros, a cada instante que se renova sem cessar. E sem fronteiras fixas. O Buda, o Darma e a Sanga estão no mundo, na rede infinita da realidade. Aqui e agora, no cossurgir interdependente e simultâneo.

O medo e a percepção clara

O medo é necessário. Ele nos protege e nos deixa em estado de alerta e prontidão, o que é muito útil. Mas, em excesso, ele nos desequilibra, como se um alarme disparado ficasse travado. Como regulá-lo? Primeiro, reconheça que o medo é natural e necessário. Exercite, então, a percepção clara: muitas vezes, o que parece uma cobra é uma corda apenas. Mas, por vezes, há uma cobra. Observe a cobra com clareza, identificando, a partir de seu medo, o real perigo. E, então, tome as medidas adequadas para se afastar dela.

A velhice e o momento que passa

O envelhecimento traz a lucidez diante da morte e, ao mesmo tempo, a consciência do privilégio da vida. Ficamos mais ciosos das escolhas, de como gastar o tempo, que se torna cada vez mais precioso. O que é essencial? O que, de fato, tem valor para você? Saiba fazer suas escolhas, a cada momento: o que fazer, com quem partilhar, o que falar para buscar sempre a elevação? De preferência, sem ter que esperar pela velhice.

A leveza e a responsabilidade de ser livre

A liberdade é angustiante. Cada decisão implica o abandono de possibilidades alternativas. Que possamos nos responsabilizar pela decisão tomada, apreciando o caminho escolhido. A indecisão é inerente à liberdade, tanto quanto a possibilidade de novas decisões que refazem o caminho. Reconhecer erros de escolha exige humildade. Sejamos responsáveis, mas sem que isso implique um peso excessivo. Que saibamos construir a realidade e possamos mantê-la em movimento, a partir de decisões tomadas com o coração e a mente.

Meditar é sair da zona de conforto

Sair da zona de conforto nos faz ir além da inércia daquilo que acreditamos que somos. A meditação é assim. Não pode ser confortável. Ela nos coloca em situações desagradáveis, nas quais nos desequilibramos, não nos reconhecemos.
E, então, recuperamos o equilíbrio. Nesse movimento, voltamos à essência do ser: nada é fixo ou permanente. Eu e tudo o mais não nos distinguimos, num só movimento universal.

O caminho da sabedoria, de desilusão em desilusão

O zen não dá respostas. Ele provoca a busca por respostas que são de cada um. As respostas não são coletivas, ainda que façam grande diferença para o coletivo. Quando você se tornar um ser humano completo, feliz com a vida, nada o poderá abalar. Os insultos não atingem alvo algum: não há um eu para ser insultado. Ou, o que se diz, é verdade ou não é. De modo não emocional, percebemos o que é dito e a forma como estamos agindo. Apenas isso. O Darma ensina a reconhecer o que é real, de forma impessoal, sem vitimização alguma. Tudo o que é imaginário, incluindo nossos desejos, é riquíssimo, lindo, mas não se confunde com o real. Aprender a se desiludir, e ver a realidade como ela é, é o caminho do Darma.

Penso, logo tudo existe

Gostamos de pensar, duvidar, questionar. É da nossa natureza usar os poderes da mente humana, ainda tão pouco conhecida. Esta é a proposta do zen: conheça um pouco mais de sua mente. Conhecendo a natureza da mente, apreendemos a natureza de tudo o mais, do todo, pois nada existe de forma isolada. Não fique preso apenas à sua historinha pessoal. Ela é importante, mas o que há além disso? Pense no momento anterior à sua concepção. Ou reflita sobre a sua última expiração. E, então, olhe para sua historinha: a mágoa causada por um gesto ou uma palavra agressiva, a frustração por algum projeto malgradado, e mesmo a alegria causada por um encontro feliz. Somos isso tudo, sem dúvida. Mas é possível acessar o ponto de observação sobre si em cada um desses momentos e papéis. Sinta, intensamente, cada uma dessas emoções, tão humanas. Esteja presente. Mas o ensinamento é isento de emoções porque contém todas, sem distinção, sem apego ao agradável nem aversão ao desagradável. Tudo é experiência.

A doença também ensina

As doenças fazem parte da natureza humana. O budismo não considera a doença um castigo. É parte da vida e, como tal, também é uma oportunidade de crescimento. Ela põe à prova o comprometimento com a vida. Eu reclamo? Resmungo? Por que uma doença seria algo "injusto"? Seria "justo" se ocorresse com seu vizinho? Costumamos agradecer pelas coisas boas, agradáveis, dizendo que são bênçãos, mas tudo é bênção. Problemas – mesmo doenças, mesmo se mortais – podem renovar a capacidade de gratidão e apreço pela vida. Nada é fixo, nada é permanente. Como a experiência da doença pode se tornar um portal para sua Iluminação e sabedoria perfeita?

Nem dentro nem fora

Para alcançar o estado de atenção plena, presença absoluta, para além dos condicionamentos, o caminho é o zazen. Nada é obstáculo à prática meditativa. Tudo faz parte. A percepção de alguma coisa externa como obstáculo – ruídos, agitações – é uma ilusão, uma vez que não há fora nem dentro. Logo, perturbações interiores também são ilusórias. Devemos acolher tudo que passa pela mente. Atenção plena, sem distinções preconcebidas. Para quê? Para agir de forma consciente, respondendo, e não apenas reagindo, ao fluxo da vida.

O zazen é um solvente vital

Somos cheios de vícios, de pensamentos repetitivos, de padrões de comunicação pouco hábeis. A chave do zen é observarmos a nós mesmos, acolhendo-nos como somos, sem que isso signifique autocomplacência. A prática do zazen nos dá a chance de ver com clareza nossos vícios e, então, agir para a transformação, de modo que lidemos melhor com o que a vida nos oferece, de bom e de ruim. Sem aversão e sem apego, tanto ao que vem de fora como de dentro – porque essa dualidade é uma ilusão. Quando absorvemos isso, as fixações viciadas se dissolvem no fluxo da vida. Boa prática!

Perdidos na Terra

Temos o instinto de sobrevivência. Há momentos na vida que somos como um personagem de um filme de ficção científica, abandonado num planeta distante, sem chance de sobrevivência, sem contato. O que fazer? Não desistir. Usar todos os meios, atravessar grandes desertos, perseverar com imenso esforço. Restabelecer elos de comunicação. Encontrar o caminho e segui-lo. É o que nos cabe.

Ouvir o silêncio

Quanto mais falamos, menos ouvimos o mundo e a nós mesmos. No silêncio, todos os sons são audíveis. Os riachos correm o tempo todo, não deixam de cantar nem por um só instante. Mas, para conseguir ouvi-los, é preciso silenciar. A prática meditativa é uma prática de silenciar para ouvir.

O milagre de estar presente

O budismo não rejeita a existência de outros planos espirituais, nem dos poderes mediúnicos, sobrenaturais, que algumas pessoas têm ao acessar esses mundos. Mas Buda ensina que o grande poder é ver a realidade como ela é. Maravilhar-se com o milagre do bater de nosso coração. Se já temos que lidar com a complexidade deste plano de existência, para que buscarmos outros? O estímulo e o ensinamento budista existem para que nos concentremos em nossa presença, aqui e agora.

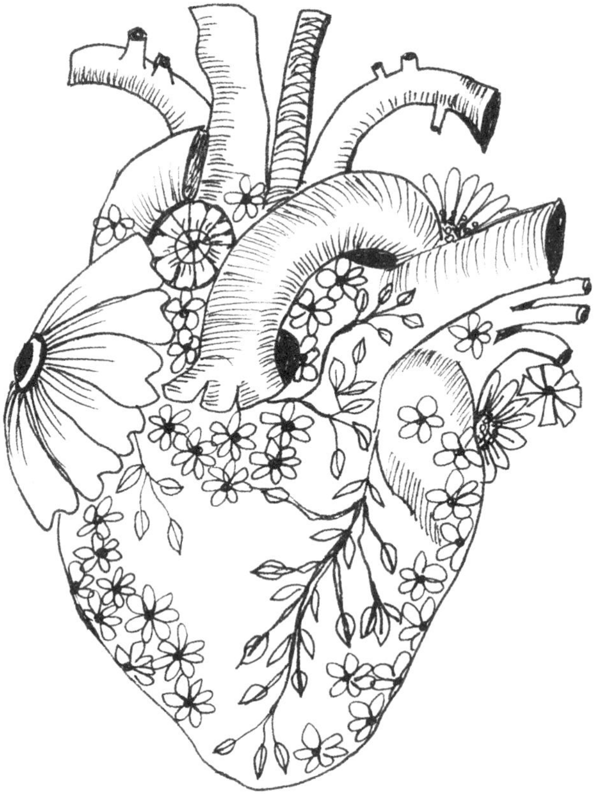

Não admita que abusem de você

Quando pessoas que amamos, muito próximas, têm comportamentos agressivos, tóxicos para nós, o que fazer? Se o diálogo se mostrar impossível, pela blindagem criada pela pessoa, mantenha distância. Quando a agressividade surgir, crie expedientes para se afastar: dê uma volta, vá ao mercado, vá ao banheiro! Interrompa a agressão, respire conscientemente e só depois volte ao convívio. Lembre-se, não há um eu para ser ofendido, mas evite a agressão. Não admita que abusem de você, não permita se tornar vítima, nem se deixe controlar pela raiva atiçada pelo outro. Controle-se e, então, estabeleça seus limites. Internamente, faça *gassho*: agradeça ao mestre que o agressor se torna. Aprenda a resistir e a escolher o caminho da paz. Não desista, nem de você, nem do outro, pois ambos são seres sagrados. Às vezes, basta encontrar o modo de tocar o outro para que ele se lembre disso.

Gassho

O cumprimento em *gassho*, palma com palma acompanhado de uma reverência, significa inteira presença diante do outro. Não faço nada mais: minhas mãos, meu olhar, minha presença completa se encontra, nesse instante, dedicada ao outro. Por vezes, não conseguimos estabelecer esse vínculo de presença, mesmo com quem nos é próximo: temos outras coisas tão importantes para fazer. Nosso olhar não repousa e, então, perdemos a dignidade porque não fomos capazes de respeitar e, consequentemente, não receberemos respeito. Quebramos elos de relacionamento por tais gestos, falas e olhares. Busquemos o olhar Buda: aquele que vê com clareza a realidade. Que vê os outros, compreende o que está acontecendo e atua de forma adequada. *Gassho*.

Só zen, tudo zen

Buda é o personagem histórico, um nobre que, há 2.600 anos, abandonou sua vida de privilégios. Tornou-se um filósofo errante e, afinal, encontrou nas práticas meditativas o caminho para a Iluminação, o desabrochar de sua consciência, o despertar, a grande tranquilidade. Os ensinamentos de Buda se espalharam a partir da Índia, em princípio, por toda a Ásia, relacionando-se com diferentes contextos culturais e políticos. Na 28ª geração dessa tradição, o budismo florescia na China, com mosteiros, escolas filosóficas, associação com poderes da região. Então, um monge vindo da Índia, Bodhidarma, fez uma afirmação radical: a essência do budismo é o zazen, a meditação. Foi essa a prática que levou Buda à Iluminação. Todo o resto, os estudos, as liturgias são complementos, exortações à prática de sentar-se e meditar. O zen é a escola da experiência prática e direta, da meditação. Ser zen é praticar o zen. Só isso, e tudo isso.

Iluminado por tudo o que existe

Para criar uma cultura de não violência, precisamos conhecer com intimidade a nossa mente. Como alimento a mente? Eu a cultivo por meio de quais estímulos? Mestre Dogen disse que "estudar o Caminho de Buda é estudar a si mesmo. Estudar a si mesmo é esquecer-se de si mesmo. Esquecer-se de si mesmo é ser iluminado por tudo o que existe". Isso é transcendência do corpo e da mente, o libertar-se da dualidade eu x outro. Sem o eu, sem dualidade e, portanto, sem sequer Iluminação. Se houver um traço de Iluminação, ainda não é a Iluminação. O ser iluminado não se reconhece como tal. Ele simplesmente é, como tudo o mais também é. Se estou fechado em mim, não vejo ninguém. Vejo apenas reflexos meus nos outros – sobretudo as partes de que não gosto, que não suporto ver. Então, projeto-as, vejo-as nos outros. O objetivo do zazen é observar-se. Observar o que há em si mesmo, inclusive os ranços do passado, a carga de cultura na qual foi criado, cheia de violências, de julgamentos em relação aos outros – todos aqueles que são diferentes de você. O inferno não são os outros, mas a separação entre o eu e os outros que penetra nosso íntimo, levando-nos a cometer discriminações e violências que podem assumir formas enormes e evidentes, ou fermentar em microscópicos gestos, olhares, modos de falar. Grandes violências surgem do acúmulo e da reiteração dessas violências entranhadas em nosso íntimo. Conheça sua mente a ponto de ela não mais se distinguir de tudo o mais e, assim, acabe com a violência dentro e fora de você – porque não existe nem dentro nem fora.

Livre para ser

Quando os projetos que criamos não dão certo, sentimos tristeza. É uma reação normal, humana. Mas podemos escolher a fixação pela tristeza, que vem do apego a ideias não realizadas. Ou, no caso da raiva, nos apegar à frustração daquilo que não corre como desejamos ou imaginamos. Ou, de modo diferente, podemos escolher embarcar no fluir da existência. Tornamo-nos aquilo que cultivamos, que estimulamos em nós. É importante perceber como nos relacionamos com a máquina social, que produz apegos e emoções em massa: há identificação a ponto de tomar esses estímulos como nossos? Você pode escolher mudar de projetos sem aceitar aqueles que desejam nos impingir. Ou pode recusar-se a aceitar a distribuição de ódios disseminados pelas dicotomizações coletivas. Nada disso significa não apresentar posicionamentos, ideias ou projetos. Mas que eles possam ser seus, livremente criados. E que não se tornem senhores de quem os criou.

Verdade não se discute

Certa vez, Xaquiamuni Buda recebeu a visita de um grupo de sábios que desejavam debater com ele a Verdade. "Excelente", respondeu Xaquiamuni. "Não haverá debate algum." Segundo os princípios budistas, não se luta pela Verdade. A Verdade é manifesta. Ela, a Verdade, o Darma, é. A doutrina budista não é um apanhado de afirmações sobre a essência da realidade, mas um conjunto de exortações, de estímulos para que o praticante perceba como é a realidade em essência – aquela unidade, a integração de tudo, no cossurgir simultâneo e interdependente. Isso não se expressa em palavras, em sentenças, verdadeiras ou falsas. Isso só pode ser manifesto, apreendido, no íntimo de cada ser que supera os limites do ego.

Paz na Terra, aqui e agora

"Eu, a Grande Terra e todos os seres, juntos, simultaneamente nos tornamos o Caminho", disse Xaquiamuni Buda. Essa é a proposta meditativa para uma cultura de paz: a inclusão total, absoluta. A percepção clara de si como a vida da Terra. Somos a vida da Terra. Não viemos de fora e não vamos para fora. E somos o tempo. Fora de nós, não existe o tempo. Tudo isso, aqui, agora, em mim. Quando isso está claro, vivenciado, vivido, vivo em mim, torno-me a paz.

Devagar e rápido

O ego é o pequeno eu que corre de um lado para o outro, desesperado, absorto na corrida, e acha que está estressado. O Eu Maior é aquele que percebe que está indo rápido e acha interessante. Simplesmente. Não briga com o que é. Observa e respira, percebendo as pausas necessárias. Em tudo há o avesso e o descontínuo: no meio da correria, existe a pausa. Mas é preciso percebê-la. Ir devagar e rápido, ao mesmo tempo.

Seja o movimento da vida

Alcançar a mente de equidade, que não cinde em dualismos, é ser capaz de perceber a constante dinâmica de tudo e todos, o cossurgir interdependente e simultâneo que une o mundo. Mas quem apenas se extasia com esse espetáculo da impermanência constantemente criadora ainda está envolvido pela ilusão dualista: não se percebeu uno com o mundo. Somos o planeta, o tempo, o todo manifesto, Natureza Buda. E assim agimos, constantemente, sem pausas, sem confronto com o mundo, sem resmungos e reclamações, fazendo o que é preciso para promover a liberdade do outro e a paz, aqui e agora.

Somos todos um

Para lidarmos com a dor, criamos carapaças de proteção, como disse Wilhelm Reich. Criamos armaduras, e isso nos endurece. Perdemos a sensibilidade ao outro e a própria sensibilidade. Tendemos a olhar as situações e as pessoas de modo muito rápido. Hoje, há programas de humanização da medicina porque o médico, o especialista científico, tende a perder o olhar humano em relação ao paciente à sua frente. "Eu, a Grande Terra e todos os seres, juntos, simultaneamente nos tornamos o Caminho", disse Buda no momento de sua Iluminação. Não há separação: todos juntos nos tornamos o Caminho.

Não espere nada do zazen

O zazen é sempre diferente. Pode ser que aconteça uma suspensão do tempo e uma completa paz e integração com o todo – o samádi. Mas isso é raro. Pode ser que, para alguns, algo assim nunca aconteça. Não devemos sequer almejar isso porque, se corrermos atrás dessa experiência, ela escapa de nós como o vento. Não devemos esperar nada do zazen.

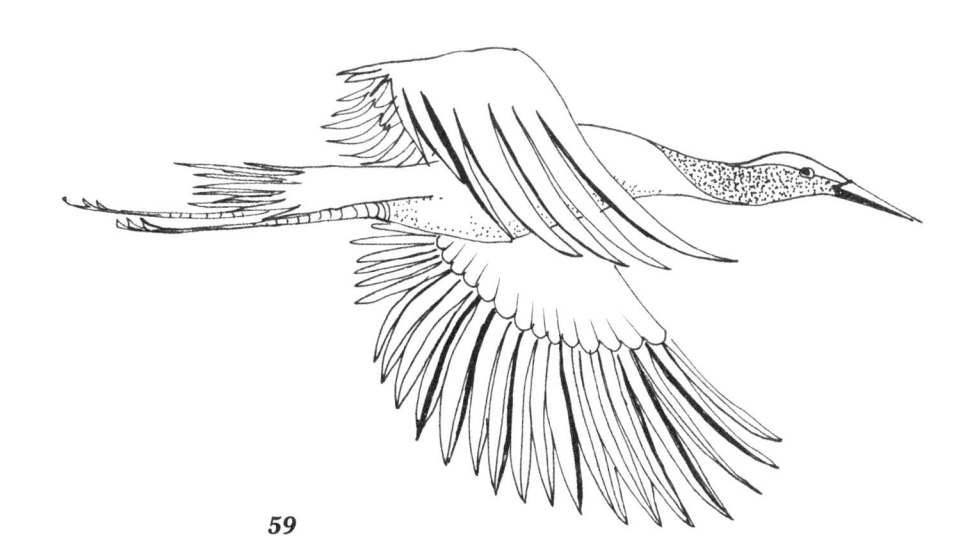

Aceitar a dor

A depressão tem muitos graus e muitas formas. Há aquelas mais leves, que nos prendem na cama por um dia, vítimas de uma tristeza. E há as severas, quando a pessoa já não sai de casa e não quer ver mais ninguém. Para essas, é preciso um apoio médico. Mas a meditação é sempre uma poderosa aliada porque ensina o autoconhecimento. Xaquiamuni Buda saiu de seu castelo porque descobriu a velhice, a doença e a morte. Estaria o príncipe deprimido? Ele encarou suas aflições, examinou sua mente até conseguir superar o sofrimento: a Iluminação é uma libertação do sofrimento. Observar e aceitar as causas da tristeza, da depressão, e vivê-las, sem se deixar ser dominado por elas. O trabalho no qual você tanto se empenhou não foi reconhecido; seu relacionamento é frustrante; você foi ao médico e recebeu um diagnóstico doloroso – amplie seu horizonte e sua liberdade. A dor existe, é inevitável, mas o sofrimento é opcional.

A profundidade da simplicidade

De desilusão em desilusão, nos aproximamos mais da Verdade. Era o que o professor Hermógenes chamava de "desilusionismo". Perder ilusões pode ser difícil, mas certamente é uma libertação. E a meditação é um caminho de desapego das ilusões. Se eu me conheço, nada me ofende, nada é capaz de me enganar. Não se deixe enganar, esteja desperto. Isso é a Iluminação: a sabedoria de compreender, de modo claro e simples, a realidade do que é, independentemente dos desejos. A clareza e a simplicidade de percepção têm profundidade: cada coisa está ligada a todas as outras. Uma mesa já foi uma árvore, parte de uma floresta. Para além das roupas e informações superficiais, é possível olhar nos olhos de cada ser humano e ver o outro, tão semelhante a você e, ao mesmo tempo, tão diferente.

Não ser dominado pela raiva

É possível treinar a mente para que não seja dominada pela agressividade. Ela jamais desaparecerá, pois dependemos dela para a sobrevivência. A mera imposição de nossa existência à natureza é uma agressão ao meio ambiente, desde a primeira plantação. Não ser dominado pelo impulso agressivo é outra coisa. É possível observar as causas, as conexões íntimas que ativam a agressividade e respirar antes de agir por impulso. O caminho para essa ação correta é o treino incessante da mente.

Os mundos infinitos da mente

Existem mundos e mundos em nossa mente. Esvaziá-la é, além de indesejável, impossível. O objetivo da meditação não é esse. É observar esses mundos e não ficar preso a nenhum deles. É um exercício de liberdade. Liberdade ante as ideias que seguem se multiplicando, eternamente. Que interessante! E há também a experiência direta da realidade, que emerge como que por entre as ideias. Mas perceber isso exige a prática da mente que observa a si mesma. Bom zazen!

Ansiedades boas e ruins

Ansiedade é não estar presente no presente. Você está aqui, agora, mas pensando no que vai acontecer. Não estamos, de fato, fazendo o que estamos fazendo, porque nosso relógio mental anda mais rápido que o do tempo. Mas somos o tempo, e é preciso que descubramos, sintamos isso. Há técnicas para isso: respiração consciente, mais longa e audível. E, então, perguntar-nos sobre a fonte da ansiedade para não nos deixarmos ser dominados por ela. Porque não se trata de negar os anseios. Existem ansiedades boas. A vontade de nos tornarmos seres humanos melhores e de melhorar o mundo à nossa volta, para todos os seres, é uma visão, um anseio de um futuro melhor. Que os anseios nos sirvam – e não nós a eles –, aqui e agora.

A vida como princípio radical

Não há nada pelo que matar ou morrer. É preciso viver. Perceber que somos um só corpo com tudo o que existe: isso se chama samádi.

Tudo é vazio

Tudo o que existe é o Vazio. Não há nada fixo nem permanente. Tudo é vazio de identidade constante. Mas não confunda o Vazio com uma ideia, uma imagem de vazio. Tudo o que existe é o Vazio porque nada permanece igual a si mesmo. O Sutra da Sabedoria Perfeita começa pelo Vazio dos cinco agregados: forma física, sensação, percepção, conexões neurais e os vários níveis de consciência. Todos são vazios de identidade fixa. Quando compreendemos isso, de fato, ficamos livres do apego, livres de toda dor e todo sofrimento.

O fogo da disciplina

A disciplina se constrói de forma prática, pelos hábitos. Em um mosteiro, todos os movimentos são marcados por tambores e sinos. Para tocá-los, é preciso criar intimidade com os instrumentos, pela prática incessante. Até que você e o instrumento sejam um só. Buda diz que para fazer fogo com dois pedaços de madeira – ou duas pedras – é preciso esfregá-los incessantemente. E, caso se canse, deve continuar até que surja a faísca. Caso contrário, não haverá fogo. Assim deve ser a prática do Darma, que é a prática de nossa própria vida.

A perturbação também é caminho

As pessoas que nos perturbam são seres iluminados disfarçados. Não necessariamente precisamos suportá-los, mas não há por que perdermos a calma. Aproveitemos a oportunidade para exercitar a paciência e a ponderação, afastando o que nos perturba, ou nos afastando disso, sem violência.

Exijamos de nós o impossível

Não fazer o mal. Fazer o bem. Fazer o bem a todos os seres.
Isso é quase impossível, mas é o nosso voto.

Viaje sem bagagens

Largue suas malas. Aproveita-se melhor a viagem com as mãos vazias e o coração leve. Deixe o passado no passado. Seus mortos, dramas, erros – deixe-os ir, pois, de fato, eles já se foram e podem atrapalhar sua jornada caso tornem seus pensamentos obsessivos. O passado é história. Por meio da história, podemos verificar comportamentos e situações para modificar e corrigir erros. Lamentar-se apenas não cura os males. A ruminação, tão útil aos bois, é nociva para a mente. Desapegar-se das dores e dos equívocos do passado permite vislumbrar caminhos novos. Nós, humanos, temos a oportunidade de liberdade, de superar vícios, inclusive de pensamentos. Buda disse que a mente humana deve ser mais temida que cobras venenosas e assaltantes vingadores. Conheça a sua mente e a estimule de modo correto, livre, arejado e amoroso. Todos os caminhos estão abertos. A escolha é sua.

Sucesso zen

Em tempos confusos e brutais, é comum que o poder sobre os outros, na forma de riquezas, fama, força e coerção, seja tomado como um critério de avaliação daquilo que é considerado uma vida bem-sucedida. Mas o que é o sucesso? A rigor, é a capacidade de fazer suceder, acontecer, manter uma atividade ou atitude. Mas, do ponto de vida budista, isso é uma ilusão. Sucesso, para os budistas, é manter uma atitude de contentamento com a existência, gerando, assim, carma positivo à sua volta. Ou seja, contribuindo ativamente para o bem de todos. Espalhando essa visão clara sobre o que é a vida, entendida como uma teia que liga todos os seres. A vida não é uma competição. É uma dádiva a ser compartilhada.

Sabedoria enlouquecida

E quando não há esperança? A ideia aperta o peito. Livre-se disso também. Aceite. Até a esperança acaba. Quando não há expectativa, nada há para ganhar ou perder. Então, você alcança o que alguns mestres chamam de sabedoria enlouquecida. Você é quem é.

Romper consigo mesmo

Uma bola de fogo em brasa que não pode ser cuspida ou engolida: assim deve ser a dúvida radical sobre a vida e a morte. Se quisermos acessar um nível de compreensão superior, o questionamento precisa ser muito forte. Para romper as áreas de conforto, sobretudo na forma do próprio personagem que criamos e solidificamos desde a infância. Afinal, ele nos defendeu, nos ajudou a sobreviver à realidade. Mas à custa de fantasias sobre essa mesma realidade. A prática do zen é o esforço de ver as coisas como são. Não como gostaríamos ou como fantasiamos. Retirar os véus da ilusão e ver com clareza para atuar de forma decisiva. É possível.

Tudo é sagrado

Cada grão de arroz é resultado de trabalho e de uma rede infinita de causas e condições. Que possamos exercitar o respeito a tudo o que existe, sabendo usar com moderação aquilo que nos é necessário. Porque, percebendo que tudo é vida, abdicamos de abusar dessa vida. É nesse caminho que nosso coração se abre.

Além da margem

Imagine não ter medo do novo. Estar, de fato, aberto às possibilidades. Chegando à margem do que é entendido, conhecido, para além do que só existe o nada. Simplesmente mergulhar. Isso é o zen.

Deixe seu ego livre

Não se trata de matar, anular ou controlar o que, em nossa época, chamamos de ego. Temos que saber reconhecê-lo e conhecer sua função na vida. Não há nada de errado na personalidade que vamos criando a partir de experiências. Buda reconhece que pensar primeiro em si é inerente à natureza humana e ensina que, se levarmos isso à sua raiz, aprenderemos a respeitar os outros em profundidade, uma vez que todos têm a mesma atitude. Aprender a conviver com o *eu* que é o centro, sim. Mas saber que funciona assim também para todos ao redor. Não há obstáculo. Observe e dê funções ao ego – por exemplo, contar as respirações durante a meditação. E abra, assim, espaço para outros níveis de consciência aflorarem.

Caminhar no infinito

Como uma gota d'água pode não secar? Voltando ao oceano. A vida é uma onda. Cada uma é única, com começo, meio e fim. E, em seu fim, transforma-se em outras, num movimento infinito, nunca igual a si mesmo, impermanente. O caminho nessa impermanência se faz estando desperto, apreciando cada instante dele. Perder-se no caminho é perder essa atenção plena. E seguir no caminho é, a cada desatenção, voltar, retornar ao oceano de nossa condição.

Mindfullness *e zen*

Obter foco total em alguma atividade ainda não é um estado zen. É *mindfullness*, mas essa não é a plena atenção zen-budista. Você pode possuir plena atenção até no manejo de uma arma. Mas se a plena atenção se refere à sua situação no mundo, imerso plenamente nele, plenamente consciente de suas percepções, seus pensamentos e suas emoções, a partir dos quais faz escolhas éticas em prol de todos os seres, aí ela é uma atitude zen.

Ir em mim, além de mim

Calcular as vantagens individuais das ações tem sua utilidade, de sobrevivência, inclusive: comer, antes de tudo. Mas nossa consciência é incomensuravelmente mais vasta que esse cálculo hedonista, da busca pelo prazer. Essa vontade é forte, vem das entranhas da sobrevivência, mas é primitiva. Ela alimenta, cria um personagem, nosso eu menor, que tem como função sua reprodução e seu fortalecimento. A proposta da meditação é libertar a amplitude da consciência para além desse personagem pequeno que deseja dominar, identificar-se com todo o nosso ser. Somos mais que isso, sem fronteiras com tudo o que existe.

A prática do equilíbrio

Ficamos em pé graças a uma sucessão de imperceptíveis alternâncias entre desequilíbrios e reequilíbrios. Quando as crianças estão aprendendo a se levantar e a andar, isso é bem visível. Com a mente também é assim, ou pode ser, ainda que a percepção e o aprendizado do equilíbrio sejam mais sutis. Mas é igualmente possível aprender a se equilibrar mentalmente e emocionalmente. Com a prática desse caminho, dessa caminhada, passamos a ser mais senhores de nossa mente. Capazes até de escolher o que pensar.

A ilusão do casulo

Temos a tendência de construir casulos de proteção – rotinas, atitudes mentais, zonas de conforto. Mas a vida só é instigante quando nos arriscamos para além disso. Porque a proteção do casulo é uma ilusão. Nada é certo, não existe segurança alguma em estar vivo. Estamos imersos no fluxo incessante do cossurgir interdependente e simultâneo de todas as coisas. Construir casulos pode nos cegar para esses fatos, mas não nos livrará deles e de suas consequências – inclusive as inevitavelmente dolorosas. Que possamos romper os casulos para não perdermos o maravilhamento com a existência, em sua beleza e imprevisibilidade.

Ninguém é especial ou todos são

Quero ser elogiado, reconhecido, amado, e qualquer coisa diferente se torna um arranhão na fantasia que construí sobre quem sou. Abrir mão dessa fantasia de ser especial é abrir-se para uma nova forma de consciência, capaz de perceber o que acontece com os outros e com o mundo.

Eu, todos os seres e o sentido entre nós

A vida tem o sentido que damos a ela. Uma proposta fundamental do budismo é que ele seja a busca por fazer o bem a todos os seres. Como parte de nossa abertura, sem distinção entre dentro e fora. Fazendo o bem, somos capazes de nos transformar, melhorar como pessoas, coletivamente. O sentido é um horizonte comum.

Para além do medo

O bodisatva, o ser iluminado, não tem medo porque sabe que tudo é transitório. Sabe que não há nada a proteger e a defender. Essa postura do bodisatva é o oposto da acomodação. Como tudo está sempre em movimento, em novos arranjos, o presente exige novas respostas daquele que despertou, sempre. Não existe desistência, nem ponto de chegada. Tudo é travessia. A lição para quem busca a Iluminação é seguir, sempre. Se ainda houver medo, sigamos com ele até que desapareça junto com apegos e aversões.

A radicalidade da compaixão

As pessoas dão o que podem ao mundo e aos outros. Por vezes, são coisas nada agradáveis, frutos de sua frustração e sua irritação com as dificuldades da vida. Será que somos capazes de compreender em profundidade, entender as causas das agressões? E, do fundo do coração, agradecer o que recebemos e responder, sem ira ou ressentimento, ao que nos chega?

Tocar a teia da existência

Tudo o que existe, existe como um ponto da trama infinita de causas e condições. Visualize cada coisa como uma manifestação dessa rede de fios luminosos e brilhantes, uma joia preciosa desse bordado universal. Somos a vida dessa teia. Somos fruto dela e nossas ações nela interferem, imprimindo marcas que irradiam em todas as direções, gerando novas configurações de causas e condições. Isto é o carma: nossa interferência na teia da existência. Ele pode ser positivo, negativo ou neutro. Mantendo a mente aberta para perceber com profundidade essa rede da realidade, perceberemos também como palavras amorosas, empatia, ações que visem ao bem-estar coletivo – carma positivo – realimentam a visão profunda do ser como interser, deixando para trás as pequenas ilusões e prisões do ego.

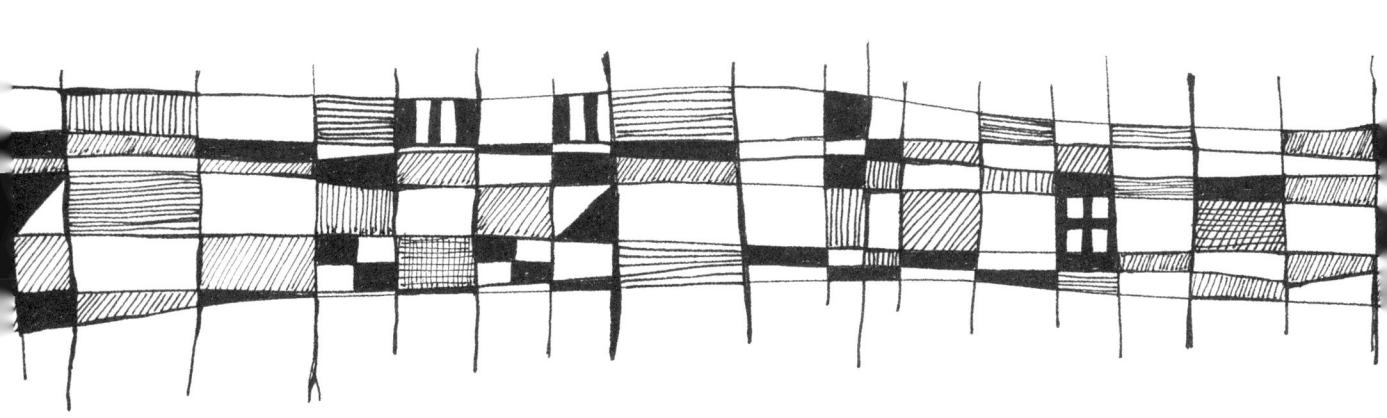

Assim como é

Afastar-se ou tocar, ambos errados. Diante de agressões que nos afligem, não devemos nem nos afastar nem querer tocá-las. A sabedoria está em reconhecer o que acontece sem fugir e não se apegar ao mal que é feito a nós. Estando plenamente presentes, não nos deixamos tocar. Busque formas para que o outro perceba a posição de agressor. Veja com clareza e com compaixão, estabeleça uma visão compartilhada das situações. Como fazer isso? Praticando incessantemente a percepção da ilusão de separação entre o que parece ser o eu e o não eu. Difícil? Sim e não. O Darma é assim, evidente, simples e, ao mesmo tempo, inapreensível em palavras. É como fogo maciço.

O caminho se faz ao caminhar

A primeira nobre verdade é *dukkha*: insatisfação. Uma condição dos seres humanos, imersos em sua jornada de nascimento, velhice, doença e morte. E sujeitos a muitas e incessantes frustrações. A primeira nobre verdade contraria o ilusório desejo de segurança e bem-estar, e nos diz que essa segurança não é a verdade da condição humana. O mundo não é como gostaríamos que fosse. Nem nós mesmos somos. E aí, o que você faz com a sua vida tal como ela é? Essa é a pergunta a que podemos e devemos responder, em ato. O Caminho de Buda é uma proposta de travessia que se torna real apenas quando praticado, transformando o praticante no próprio Caminho.

Mundo, vasto mundo

A rotina pesa em seus ombros? Como pode pesar se ela é você, se está em você, em cada célula de seu corpo, de sua mente? A rotina não é algo que as pessoas carregam, separada de suas vidas. É a própria vida. Vida é movimento e transformação, nada jamais se repete. Será que você sabe mesmo o que vai lhe acontecer hoje? No próximo minuto? Será que não está criando a ideia de rotina para sufocar o medo da incerteza? Mas mesmo esse medo é também uma outra ideia. E assim vamos, pulando de ideia em ideia, tapando os buracos deixados por uma com os remendos de outra. Observe com plena atenção o momento presente, instale-se nele, esteja, seja uma presença. Passado e presente são quimeras. Um ônibus cheio é um caleidoscópio de vidas em profusão, de corpos, gestos, olhares, odores, cores. A luz que liga tudo e todos, o ar respirado em comum, as ondas sonoras que nos envolvem. O ronco do motor. O espetáculo intenso de ser.

A mais pura verdade

A Iluminação é a percepção profunda de nossa natureza e do mundo, que são uma só Natureza Buda. Não se trata de possuir uma compreensão mental dessa bela ideia de unidade, mas de vivenciar a evidência da presença do mundo em nós. Despertar da dualidade, que nos separa do todo. A Verdade, a Natureza Buda, está sempre presente. Nós é que raramente, de fato, estamos onde estamos. Para acordar, existe o Caminho, a prática dessa relação, para além dos pensamentos, dessa presença plena que o zazen nos ensina.

Não desista do jogo

Podemos aprender bastante com os jogos eletrônicos. Eles se baseiam em treinamento e resiliência. São modelos simplificados dos desafios da vida. Você está correndo e um buraco no chão é aberto – nem o chão é permanente. Você cai no buraco. E então sai de lá e começa de novo: tenta pular direto e não dá certo. Tenta se pendurar num balão que passa, e também se esborracha. Até que, pegando impulso numa pedra, no fundo do buraco, você alcança o outro lado. Vitória! Mas descobre, então, que esse era só o primeiro nível. Que assim que o domina tem lugar o segundo, bem mais complexo. E tudo recomeça. O modelo é simplificado, mas bastante perspicaz. Jogue, insista, persevere, descubra meios, vá em frente, viva.

Confie

A ansiedade costuma ser uma resposta quase automática diante dos problemas e desafios. Desfazer esse automatismo é dar um passo para a liberdade e para a integração com a vida. Respire conscientemente, quebre o ritmo acelerado da mente e da respiração ansiosa. Olhe com clareza para seus desafios, aceite que não há como controlar todas as circunstâncias. Você estará mais pronto para aquilo que o mundo lhe trará e ampliará sua capacidade de resposta. Confie em você e na vida, e essa dualidade desaparecerá.

Reconhecer os seres iluminados

Tudo o que nos acontece, mesmo as coisas mais difíceis, são situações em que seres iluminados nos mostram o caminho para um maior conhecimento de nós mesmos. Saiba acolher seus mestres.

De pai para filho

Quando nossos pais morrem, além da dor da perda de pessoas tão fundamentais na vida, sentimos também o desaparecimento de parte de nós: deixamos de ser filhos. Como seguir adiante? Como fazer dessa perda, de amor e do chão que pisamos desde o nascimento, energia para seguir adiante? Como nos empenhar em fazer do mundo um lugar melhor, honrando o que recebemos dos pais? Aceitando que a vida é maior que cada um de nós, maior que as dores. Percebendo a nós próprios, com nossos mais arraigados papéis e amores, como parte de algo muito maior. Colocando-nos, então, a serviço desta vida além do ego.

A vida a galope

Segundo Buda, os seres humanos podem ser comparados a quatro tipos de cavalos: há aqueles que, apenas com a sombra do chicote, já saem galopando. Alguns precisam levar o golpe do chicote no couro para se mover. E outros, ainda, são mais teimosos. Vão em frente somente com a dor do chicote chegando à carne, ou ainda, mais fundo, ao osso. A vida é movimento, impermanência, fluxo. Quanto mais se resiste a isso, mais apegado a qualquer coisa fixa, mesmo a desejos e a pensamentos, maior o sofrimento. Não espere o chicote chegar ao osso. Acorde! Galope com energia e vitalidade.

Pôr-se a caminho

Trata-se de tomar uma decisão. Buscar a verdade é sua prioridade? Esta é a fé budista: fé no Caminho para a libertação, para a cessação da dor da existência, do sofrimento, da eterna insatisfação com a inevitável impermanência de tudo. É possível abrir mão, alcançar um estado sem apego e sem aversão, de contentamento e aceitação da vida, assim como ela é. Esse caminho é feito de zazen e de estudo do Darma. É essa convicção íntima na decisão tomada, essa fé que faz a diferença. Diante disso, todos os obstáculos são parte do Caminho. Passo a encará-los como parte da busca, como parte de mim, percebendo que não há separação entre o obstáculo de fora e a experiência interior. Vou aprofundando essa percepção, dissolvendo as impressões e distinções superficiais. É tudo Caminho, e o Caminho sou eu. Antes de possuir um nome, quem sou?

Paz é ação

Uma atitude zen nada tem a ver com abster-se de agir. Meramente testemunhar, observar o que acontece não é, de modo algum, a proposta zen-budista. Isso é absurdo. Todos fazemos parte de uma mesma rede de causas e condições. Você é também um agente de transformação, positiva ou negativa. Nossos preceitos fundamentais: não faça mal, faça o bem, e faça o bem a todos os seres. Fale, manifeste-se, aja, posicione-se, mas com leveza e não com ódio. É nossa responsabilidade impedir que se propaguem quaisquer ações de violência, a discriminação, o preconceito. Exercite-se no trânsito: em vez de xingar, seja gentil. E use esse treinamento para agir sem raiva também nos grandes conflitos.

Seja um céu azul para o outro

Uma mente clara e tranquila é capaz de se abrir ao outro. É capaz de entender com transparência, sem julgamento prévio, apenas com compreensão, o que nos é dito com ou sem palavras. Esse estado de limpidez mental é algo a ser cultivado. Um cultivo de si que, imediatamente, pelo íntimo entrelaçamento de tudo, já é o cultivo da paz entre todos.

Olhe de novo, olhe o novo

Nossa prática busca a liberdade. A abertura do ser para a realidade incomensuravelmente rica, muito além dos padrões que constituem o que acreditamos ser o eu e o mundo. Fazer o exercício de olhar para fora dessas caixinhas é exercitar a liberdade. Fotógrafos, por exemplo, precisam reinventar constantemente novas formas de ver. Aprendamos com quem quebra os vícios do que achamos já ter visto. Ver o mundo diferente é estar e ser de outro modo neste mundo que, então, se torna outro. Exercite-se, olhando o fluir da vida de modo sempre novo, como é a própria vida.

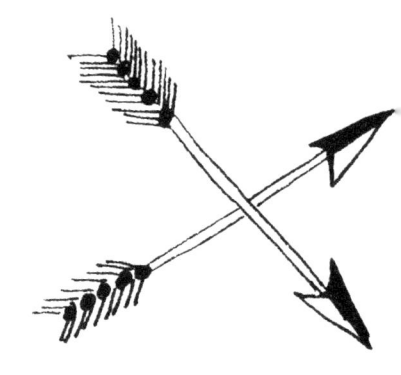

Não remoa o seu sofrimento

Flechadas são inevitáveis. Elas vêm não se sabe de onde, quando menos se espera, e cravam fundo na carne. Doem. Projetos são frustrados, coisas que tínhamos como certas se desfazem, pessoas que amamos morrem. Não é verdade que, como se costuma dizer, "tudo vai ficar bem". Não vai. Essa é uma certeza da vida, sempre plena de *dukkha*, insatisfação – ou "insatisfatoriedade", como traduzem alguns para destacar o que se trata de uma condição fundamental, parte da condição humana. O que podemos fazer é lidar com as flechadas e com a dor que causam. Aceitá-las e seguir em frente, em vez de remoer, cravar as flechas nas feridas, ressentindo-se, sentindo de novo nossas dores.

Não engula sapos

Recomendação para seres humanos: não engulam sapos. Não faz bem algum. Quando surgem sapos, atitudes agressivas, ou impróprias, é preciso saber falar. Saiba se manifestar, sem raiva, sem lamentos nem ataques. Com leveza, clareza e tranquilidade, entendendo também o seu papel nas situações. Perceba sua raiva e não se deixe ser dominado por ela. Aprenda a rir de si mesmo e de suas indignações. E, assim, posicione-se, defendendo modos mais justos e harmônicos.

Vontade de se matar vem e passa

Quem diz que nunca pensou em se matar não está muito atento aos próprios pensamentos. Porque é inevitável que esse pensamento se apresente a um ser humano. É de nossa condição – ser ou não ser. É sobre isso o famoso monólogo de Shakespeare. Em algum momento, pressionados pelos incessantes problemas da vida, pensamos: chega!
Não aguento mais! Quero que isso acabe! Como tudo o mais, esse pensamento passa – pelo menos para todos que estão lendo este livro, ele passou. Aceitemos também essa manifestação da mente sem nos apegarmos a ela. Então, passado o momento de desespero, veremos as coisas por outro ângulo: o da resiliência e do desafio, de seguir em frente, encarando as tensões e inventando novos caminhos.

A liberdade do contentamento

Contentamento com a existência é o reverso da insuficiência. O Caminho de Buda leva de um estado a outro. A condição humana é de necessária incompletude, mas é possível aceitá-la e abrir-se para o instante, libertando-se da angústia e da dor das inevitáveis perdas e desejos frustrados. Romper com a cadeia de reclamações faz parte da prática do Caminho: exercitar a percepção do que é suficientemente satisfatório em vez de se fixar naquilo que falta ou incomoda. Exercite sua liberdade nesse Caminho.

Cuidar de tudo e de todos

Cuidemos para que nossa ação e nossa presença não perturbem os outros. Esse é um treino de inversão de perspectiva que nos ajuda a sair do egocentrismo. Sobretudo nos relacionamentos mais íntimos, temos a tendência de abandonar esse cuidado e respeito. Ficamos mais rudes e impacientes, quando a paciência é um dos seis paramitas – os aspectos a serem desenvolvidos para trilharmos o Caminho Iluminado. O exercício da perseverança e da paciência não é fácil. Não perca tempo.

Estar plenamente presente para o outro

Gassho, literalmente "mãos juntas", é uma forma japonesa de cumprimento utilizada no zen-budismo. Juntamos as mãos, palma com palma, e fazemos uma pequena reverência à pessoa que cumprimentamos. Veja que, desse modo, ficamos completamente disponíveis ao outro. Não estamos ocupados com nada mais. Nossas mãos estão paradas em respeito e atenção a quem nos dirigimos. Numa época de aceleração e distração como a que vivemos, esse gesto é especialmente significativo e importante. Estarmos plenamente presentes e atentos a quem está diante de nós pode mudar nossas vidas.

O relativo e o absoluto

"Eu, a Grande Terra e todos os seres, juntos, simultaneamente nos tornamos o Caminho." A frase de Iluminação de Buda não deixa dúvidas: não há algo como "uma Iluminação individual". Em outro ensinamento, Buda diz que, se alguém se considera iluminado, distinguindo-se dos outros – que não o são –, isso já é prova de que essa é mais uma ilusão. Esta foi a última das tentações que ele venceu: o orgulho. Mara, o rei dos demônios, ou seja, o princípio das ilusões, tenta desviá-lo, considerando-o diferente, superior a todos. É quando Buda coloca a mão no chão e diz: "A terra é minha testemunha". Com esse ato, profere a frase-chave da Iluminação de tudo e de todos, em tudo e em todos. Um só com o Grande Todo, sem dualidade. A grandiosidade dessa visão se materializa em cada pequeno gesto de presença com todos os seres. O relativo e o absoluto se encaixam, como uma caixa à sua tampa.

Além da repetição

Somos consequência das causas e condições de vida de nossos pais. Passamos a nos diferenciar quando, na primeira infância, adquirimos identidade, nos descobrimos como ser único, separado deles. Depois, na adolescência, preparação para a vida adulta, afirmamos nossa diferença. Dizemos que não seremos como eles. Mas essa fala e a vontade de diferenciação não bastam. Como lidamos com essa força de repetição, com a herança que vive em nós? É preciso reconhecer a presença desses antigos padrões e, então, escolher a própria resposta. Olhar para dentro, em profundidade, é a única forma de agir livremente. Isto é o que o zen ensina: observe-se e, então, mude. E assim, mudando a si mesmo, mude tudo à sua volta.

Não desista

O Caminho de Buda não tem fim. Não há um lugar ou estado que seja algo como "a linha de chegada" ou prêmio. Quem entende assim a Iluminação ainda não a compreendeu. Trata-se de prosseguir, com coragem e dignidade. O que inclui encarar as próprias falhas e misérias, sem desistir de si – o que é o mesmo que não desistir do mundo ao redor, uma vez que dentro e fora são posições relativas, parte do todo não dualista. Não desista de si para que seja capaz de descobrir que "este eu" não para de se transformar. E essa é a pista, a trilha do Caminho. Aceite como "seu ser mais íntimo" o movimento incessante das causas e condições que recriam constantemente a teia do mundo.

Liberdade sexual profunda

Existe atração sexual com pouca, ou até nenhuma, afinidade. Há na paixão, mesmo a puramente sexual, um estímulo vital que faz parte de nossa natureza. Ela nos move, muitas vezes de um modo que parece incontrolável. Mas descobrimos, com o tempo, que esse estímulo vital se encontra em tudo, não apenas no sexo. Há que aprendermos a guiá-lo para que não sejamos guiados por ele. Perceber o que move nossos jogos de sedução e relação, sem negar a intensidade do sexo, mas reconhecendo em profundidade a presença do outro. Isso permite, ao mesmo tempo, que aprofundemos os relacionamentos amorosos e exercitemos pactuações livres, tão variadas como nossas diferenças.

Zen na correria

A vida contemporânea é corrida. Estamos todos na correria. Objetivamente, somos pressionados por avalanches de estímulos, prazos, necessidades de respostas, desempenhos, interações. Como ser capaz, nesse torvelinho, de manter a prática de observação profunda proposta pelo zen-budismo? Incluindo a atitude e a prática zen no dia a dia. Não separando um pretenso e idealizado estado zen desta vida atribulada. A vida como ela é – isso é o zen. Esteja presente na correria. Imponha-se a atitude de, mesmo correndo, observar o mundo com profundidade. Uma inspiração e uma expiração profundas, e o caos do trânsito se revela um ponto de intersecção de vidas e histórias daqueles veículos, máquinas produzidas pelo acúmulo de trabalho de muitos, na transformação da matéria do planeta. Incorpore essa atitude no dia a dia, reforce-a, criando um momento de zazen diário. Prática é Iluminação, dizia Mestre Dogen. Assim, cada momento da vida se torna uma oportunidade de prática. O zen não é mais um objetivo a ser alcançado na correria da vida. Ele é a própria vida. É exatamente na correria que devemos nos fazer presentes. Sente-se, respire e deixe acontecer.

A mente em modo grande-angular

Como se víssemos a realidade através de uma lente grande-angular, em que tudo está em foco. Não há nada desfocado.

O desapego de si e a abertura ao outro

A revolução pessoal que me levou a percorrer o caminho budista começou quando era uma jovem repórter que, por dever de ofício, tinha que entrevistar pessoas. Muitas pessoas, das favelas aos círculos da nobreza. Todas tão diferentes, mas, ao mesmo tempo, tão parecidas comigo. Fui percebendo uma unidade, um fundo comum de humanidade entre tantas diferenças. Com a prática budista, ampliei essa percepção para o conjunto da existência: tudo, todo um equilíbrio – dinâmico, impermanente – é necessário para que existamos como humanidade. Há um esforço comum de nossa espécie, passado de geração a geração, de relacionamento com o mundo com o qual somos um.

Cada um de nós é mais de um

O que você faz além de seu trabalho? Ninguém tem apenas uma dimensão. Cada um de nós é múltiplo. Mas que sejamos múltiplos em sucessão, presentes a cada momento, uma coisa de cada vez. Respira-se apenas no aqui e agora. Cada face da vida reforça e equilibra as outras. Interesses variados, *hobbies* são como novas plantações criadas para que a terra descanse, respire. A mente é como a terra, mas seu descanso são as atividades imaginativas que criam espaço e liberdade em torno do trabalho. Não se reduza a uma função profissional, mas também não use seus *hobbies* como escapismo. Não divida sua mente. Ao contrário, multiplique-a.

Presença é o oposto do conformismo

Meditação não é aspirina. Não se trata de um calmante que facilita o amortecimento das dores causadas pelo mundo. É exatamente o oposto: é um atiçamento dos questionamentos sobre a existência. Por exemplo, as condições sociais. Nada é mais distante do budismo que se tornar indiferente aos problemas do mundo. Estar presente é estar no mundo, consciente e atuante. Nada de deixar pendências para vidas futuras: nesta vida, agora, faça-se presente, faça a diferença.

A paz no caminho

Insatisfação é parte fundamental da condição humana. Não há escapatória: de um jeito ou de outro, vamos nos sentir insatisfeitos com o que a vida nos oferece. Nascimento, velhice, doença e morte – essa é a jornada inevitável de todo ser humano e, com esse destino, estamos cronicamente insatisfeitos. As primeiras duas nobres verdades nos ensinam sobre a insatisfação, que nos faz sofrer, e sobre o apego, a negação da impermanência, como causa desse sofrimento, ao que parece, inescapável. Mas, então, na terceira nobre verdade, encontra-se a esperança: o estado de nirvana, de libertação dessa condição de insatisfação e sofrimento, é possível. E a quarta nobre verdade nos aponta o rumo da libertação: a prática incessante do Caminho do Meio, sem apego e sem aversão, com plena atenção, fazendo da vida um exercício constante de presença correta no mundo, já é nirvana. Há quem, erroneamente, entenda o ensinamento de Buda como um apelo à renúncia ao mundo. Mas buscar viver sem apego e sem aversão é fazer o exercício de não julgar, não discriminar e, portanto, não renunciar a nada, nem se submeter a nada, nem a ninguém. Os apegos e as aversões, necessariamente, estarão no caminho. Nossa prática é atravessá-los com sabedoria. A paz está na caminhada.

O sentido do movimento vital

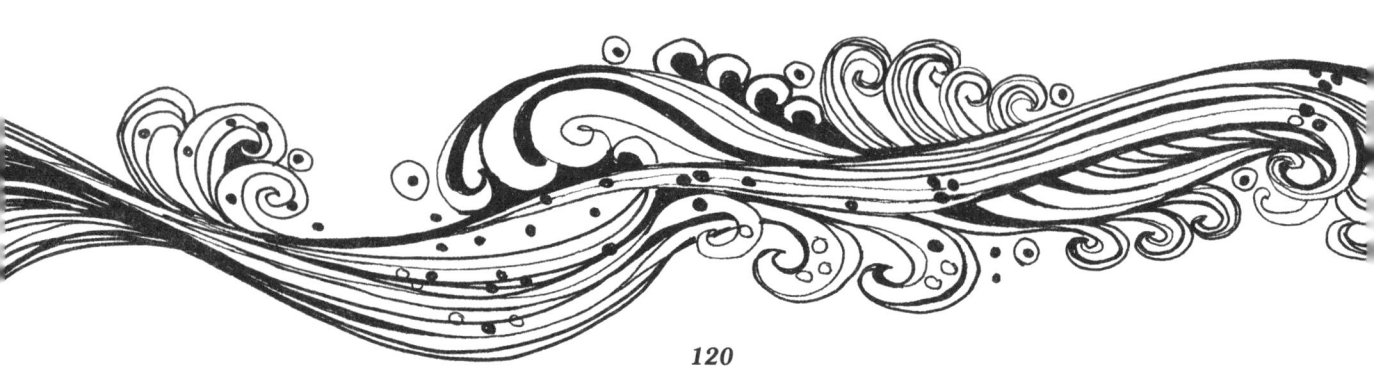

Forma física, sensações, percepções, conexões neurais e níveis de consciência – o conjunto desses cinco agregados constitui um ser humano. E nenhum desses níveis é fixo e permanente. Todos variam o tempo todo. Cada um de nós é um fluxo incessante dentro de um todo que não cessa de cossurgir, ligando todas as coisas, de modo interdependente e simultâneo. Isso é o vazio dos cinco agregados, que resulta da radical impermanência de tudo, princípio fundamental do zen-budismo. Observando esse vazio essencial, fazendo essa verdade viva, aqui e agora, você se liberta de toda dor e de todo sofrimento. Deixa de ficar apegado a desejos que inevitavelmente lhe escapam, pois tudo, inclusive o que você acha que é, muda, desaparece e se transforma. O que é possível nessa travessia na impermanência é criar rumos, renovados sentidos para seguir adiante. Em japonês se diz *ikigai*, o propósito que conferimos à existência. Quem se convence de que "a vida não tem sentido" está se eximindo de criá-lo, agarrado a uma crença egoica. Você é o movimento, a transformação que deseja imprimir no mundo.

O Caminho de Buda se faz caminhando

Dentro de cada um há luz e sombra. Querer ver apenas o lado luminoso de si é tentar se enganar, criar uma autoimagem apenas especular, uma miragem, uma idealização que não apenas é incapaz de eliminar a realidade das sombras como as torna mais poderosas, uma vez que não mais as vemos. Somos duplos e inconstantes: acreditamos agora para desacreditar logo a seguir. Deixamo-nos levar por uma rede de "pequenas maldadezinhas" para, então, sermos capazes de atos de bondade radical. Somos assim. Aceitemos e convivamos com a condição humana. Mas sem autoindulgência. Como ensinou Bodhidarma, o fundador do zen-budismo: caia sete vezes, levante-se oito. Prática incessante de observação fina da mente. Você conhece a sua mente? O Caminho de Buda é o da liberdade da mente. E essa liberdade inicia-se já, neste instante.

Pela ação consciente sobre a própria mente até que essa ação se torne um fluxo natural. Disse Mestre Dogen: "Estudar o Caminho de Buda é estudar a si mesmo. Estudar a si mesmo é esquecer-se de si mesmo. Esquecer-se de si mesmo é ser iluminado por tudo o que existe". É o processo que se inicia no eu menor, de nossa condição humana, dividida, até o Eu Maior, que se identifica com o mundo. Boa travessia.

Respire e viva

Há quem veja na ansiedade a matéria-prima da depressão. Quem está tomado pela ansiedade não está presente. Está fora de sintonia com o momento que vive. Deslocado por seus sentimentos e pensamentos para uma esfera de preocupações sobre o que pode ou não acontecer. Isso conduz a um estado de insatisfação crônica. É algo sutil, uma espécie de perda do gume da faca da consciência, que se torna imprecisa, se desvia, falha. Respirar de modo consciente é, simplesmente, um modo poderoso e, igualmente sutil, de nos devolver a agudeza da conexão com o presente. Parece um nada, mas é nesse nada que habitamos. A qualquer momento, sentindo que sua presença vacila, pare um instante e respire, percebendo-se. Largue a bagagem e apenas perceba-se vivo, pulsando, aqui e agora. Note como está sua respiração, torne-a mais profunda. Se preciso, diante da agitação que não lhe permite ficar parado, dê alguns passos, consciente de seus gestos. Olhe para dentro, para o foco de origem da ansiedade. Distancie-se dele. E siga em frente.

Deixe-se ir

O escritor português Mia Couto nos aconselha a pôr o medo no bolso. Não negá-lo, não querer eliminá-lo, apenas trazê-lo conosco sem deixar que seja ele a nos levar. Thich Nhat Hanh diz algo parecido quando sugere que acolhamos, ponhamos o medo no colo. O importante é seguir caminhando. Invariavelmente, a paisagem muda. Uma luz surge e a escuridão se dissipa. O que parecia tragicamente intransponível mostra-se mais leve. Basta não se deixar congelar pelo medo, que é uma forma de fechar-se em si mesmo, agarrar-se à própria imagem, ao ego, que desejamos proteger das perdas do mundo. Deixe-se ir, aceite o caminho, perceba que você se transforma junto com ele. E o que hoje é medo, desejo de estancar a vida, será multiplicado em muitas outras sensações e percepções do movimento incessante e inevitável de tudo.

Não reclame dos reclamões

É proibido reclamar ou resmungar. Essa regra não é exclusiva do budismo. É também uma das regras de são Bento. Afinal, a sabedoria não é uma exclusividade dos seguidores de Buda. Desperdiçar o tempo preciso da existência reclamando é fechar-se para o único verdadeiro milagre, que é estar vivo. Quem faz da vida um rosário de reclamações ainda não despertou para a verdade incontornável da impermanência e da morte. Esquece-se de que até as dificuldades são estimulantes. No fundo, está descontente consigo mesmo, e cria um muro de insatisfação e impotência que o afasta da realidade do aqui e agora, da intensidade do instante. Não caia na armadilha, no poço de lamentações dos reclamões. Se reclamamos deles, fechamos o círculo e ficamos presos lá dentro. Brinque, surpreenda, crie situações que rompam o vício mental do reclamador. A vida é mais forte.

Sexo em plena copresença

Há cerca de duzentos anos, a castidade foi abolida na tradição zen-budista, no Japão. Adotando-se como critério universal a consensualidade, não há problema algum nas relações sexuais. No caso dos monásticos, o modo é o da relação monogâmica, seja heterossexual ou homossexual. O ponto para os budistas, também no aspecto sexual, é o apego. Se o desejo sexual toma conta da mente, há algo desregulado que é necessário ajustar, equilibrar. O caminho desse equilíbrio passa pelo respeito profundo ao outro. Estar plenamente presente, também no sexo, implica reconhecer a copresença do outro, sem hierarquia, ou seja, sem fazer do parceiro mero objeto do prazer. Não há, em absoluto, nada de errado no prazer sexual. O sexo é parte fundamental, uma força motriz da vida. Aprofundemos a experiência do que, acertadamente, chamamos de "relação" sexual. Que também nesta dimensão da condição humana exercitemos a superação dos apegos do *ego*, buscando a percepção da conexão em totalidade, na qual somos parte de algo que nos transcende.

Seja a transformação

Mesmo os maiores problemas, aqueles que envolvem e afetam todos, trazem em si os elementos para sua solução. Estamos bem cientes das grandes incertezas que pairam sobre o mundo. Crises políticas, econômicas e ecológicas ameaçam os modos de vida estabelecidos, as bases do que parecia seguro. Não foi um budista, mas um filósofo materialista que, em meados do século XX, disse algo que sintetiza muito de nossa época: "Tudo o que é sólido se desmancha no ar". O que Marx disse sobre a dinâmica da sociedade capitalista, os budistas dizem, há milênios, que é a lei mais geral da vida: não há nada fixo nem nada permanente. Não há onde se segurar. A própria Terra gira e, por isso, brotam flores, e a vida evolui em nosso planeta – e, provavelmente, em muitos outros. Tudo o que existe é movimento e transformação. E no meio desse fluxo há muita diversidade, tendências de destruição que, dependendo do lugar e do momento, parecem arrastar tudo. Mas sempre há também contratendências, modos diversos de ser que apontam outros rumos. A meditação evidencia, para quem a pratica, o quanto de ilusão há nesta confusão ansiosa que domina nossa época. A prática meditativa nos leva a perceber que somos parte do todo em movimento. Aceitar o fluxo do mundo em si nos torna capazes de ver os problemas, mesmo aqueles enormes, com outros olhos. Como no filme *Matrix*, a realidade pode ser vista de forma mais íntima, e podemos descobrir outras maneiras de estar no mundo, que reverberam em todas as direções.

Sagrado silêncio

O budismo não acredita em Deus? Não é bem assim. Não temos o conceito de Deus. Logo, não é possível acreditar ou desacreditar. Para o budismo, tudo o que existe é a Natureza Buda manifesta, em cada partícula e no Grande Todo. Quando perguntavam a Buda sobre a causa primeira deste universo composto pelo entrelaçamento de causas e condições, ele se calava. Dizia que a mente humana é pequena para conhecer algo maior que ela. O budismo apresenta um entendimento e uma percepção da sacralidade de toda a existência. Acreditamos que, para quem encontra essa sacralidade, não há por que estabelecer uma relação individualizada entre criador e criatura. Trata-se de fazer parte da sinfonia. A meditação é uma forma de prece, de introspecção, que vai além da interioridade. Uma forma de entrar em contato com essa sacralidade que está em tudo, e também em nós. E há também orações budistas que invocam a sabedoria perfeita, o discernimento correto, a compaixão ilimitada: são formas que nos apontam o caminho, que nos inspiram no esforço e na prática em busca da Iluminação de todos os seres. Seja qual for sua fé, ore. No silêncio mais profundo, para além do eu, conecte-se com o sagrado, com aquilo que não tem nome.

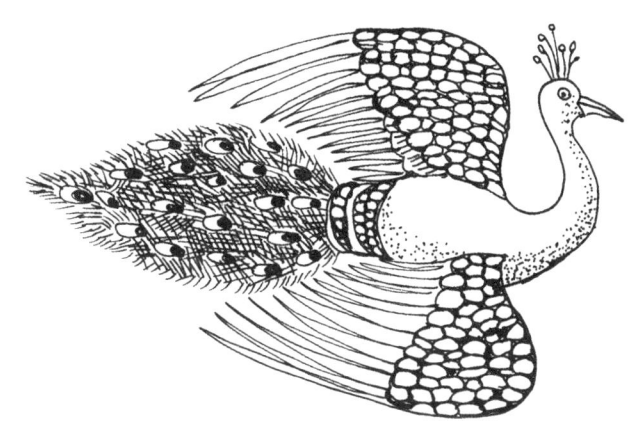

Um passo de cada vez, sempre mais além

Buscamos a perfeição, e isso é bom. É expressão da capacidade humana de superar-se, de ir além. Não nascemos para a mediocridade, e a pressão nos faz melhores, assim como transforma o carvão em diamante. Gente é pra brilhar, como disse Maiakovski. Mas pressão não é prisão. Saiba o quanto exigir de si num processo incessante de aperfeiçoamento. Não se congele nem mesmo numa ideia de perfeição, descolada do fluxo da vida. Aqui, agora, melhorando a cada instante. Jamais parado, nem mesmo numa ideia fixa. Como ensina o zen: cuidado, não desperdice esta vida.

Vá com fé

A fé do budista é no Darma. Tenho fé nos ensinamentos de Buda porque os experimento. É uma fé prática, uma prática de fé, uma fé na prática. Não se trata de coisas sobre as quais apenas lemos ou ouvimos. Ou em que acreditamos ou não. São direcionamentos para um exercício constante que nos fazem viver com mais sabedoria e compaixão, criando harmonia à nossa volta. Acredito, inclusive, na orientação de Buda sobre este ato de fé: se o que ensino for bom para você, use. Se não, jogue fora. Não há dogmas no budismo e, sim, prática e experiência. Confiar a ponto de se entregar plenamente a uma prática que se torna um modo de vida – assim é a fé budista.

POSFÁCIO
A prática das palavras

"Na verdade, que mais aprendi com os mestres que escutei, com os filósofos que li, com as sociedades que visitei e com essa própria ciência da qual o Ocidente se orgulha senão fragmentos de lições que, unidos uns aos outros, reconstituem a meditação do Sábio ao pé da árvore?" – eu tinha 20, 21 anos quando li esse tributo de Lévi-Strauss a Buda, em *Tristes trópicos*. Causou-me profunda impressão de que o grande mestre do saber do Ocidente, no clímax do brilhante balanço de sua aventura intelectual, que mobilizava milênios de tradições, de todos os continentes, chegando aos limites do que um ser humano pode ambicionar em termos de erudição, reconhecesse, com tamanha clareza e humildade, a grandeza do antigo Sábio do Oriente. Guardei isso comigo e, ao longo dos anos, volta e meia a curiosidade me fazia ler algo sobre o budismo.

Mais de 20 anos depois, tendo feito minhas próprias jornadas, por terras, saberes, dúvidas e experiências espirituais, soube que um templo zen perto de casa abria para meditação, bem cedo pela manhã. Fui, meditei e segui meditando. O silêncio do zazen, que buscava lidar com a algazarra interna de minha mente, se mostrava um começo de caminho. Logo, conheci a mestra daquela casa e passei a seguir um curso de introdução ao zen; depois desse primeiro, outros tantos. As meditações da manhã mudaram e eu também me mudei, para longe do templo, mas a ligação estava feita: tornei-me discípulo da Monja Coen, recebi dela um nome no Darma e, como símbolo desse compromisso, um selo, com uma linhagem de transmissões, que se estende dela até o Buda histórico.

A partir das palavras de minha mestra, comecei a me aproximar um pouco mais do silêncio do zen. Foi se tornando claro que as palavras do Darma não são um conhecimento a se reter, mas uma orientação sobre o que fazer. Fui entendendo que o reconhecimento de Lévi-Strauss se referia a uma profunda lucidez alcançada por Buda sobre o modo de funcionamento da mente humana: "Todo esforço para compreender destrói o objeto a que estávamos ligados, em benefício de um esforço que o suprime em benefício de um terceiro, e assim por diante, até chegarmos à única presença durável, que é esta em que desaparece a distinção entre o sentido e a ausência de sentido", disse o mestre francês (e isso me custou mais a entender, desde o lado de dentro budista).

Lembro que, ao final do primeiro ano de prática regular no Templo Taikozan Tenzuizenji, quando a Monja Coen me perguntou sobre o que tinha se destacado em minha experiência, apontei o silêncio. O esvaziamento de certezas que a prática e sua orientação sugeriam ser rótulos que impediam o contato com o fluir da vida, aqui e agora.

"Forma não é mais que vazio, vazio não é mais que forma", diz o Sutra do Coração da Grande Sabedoria Completa. Tornar essa suspensão da distinção entre o ser e o nada uma experiência vivida, dissolvendo as ilusões às quais nos agarramos, a começar (ou a terminar) pela dicotomia entre o eu e o mundo, é o norte de uma prática de vida. Palavras que servem para nos pôr em movimento. Trata-se de um saber outro, para além de quem sabe, e do que é sabido. Sabe-se.

Quando minha mestra me convidou para transcrever suas falas, encarei o pedido como uma dimensão a mais da prática: o Darma que chegava a mim através dela deveria seguir fluindo. Muitas vezes, na revisão do que eu escrevia, ela simplificava, tornava retas as curvas, fazia a palavra brilhar como uma luz que serve não para fascinar, mas para iluminar o caminho a seguir.

A fala correta que nós, budistas, buscamos, é viva, conversa com a experiência, modifica-se na relação com situações e contextos. A Verdade do Darma não é da ordem do dogma, mas da "matéria vertente", como diz Guimarães Rosa.

A última lição, recebida da mestra, na elaboração deste livro, foi a da escolha dos textos. Ao final, chegamos a um conjunto com 113 pensamentos. Propus a retirada de cinco deles, para chegarmos a 108, o número de portais para a Iluminação, segundo a tradição. Coen Roshi, com a leveza da maestria, disse-me: "E se mudássemos o número? Entre os escolhidos e os preteridos, fiquemos com todos. E aproveitemos para nos perguntar sobre os limites e usos das normas".

Meu nome no Darma, Gyokan, significa "prática da observação profunda", o que, como deixou bem claro Coen Roshi quando o escolheu, é uma tarefa. Mais uma vez: uma indicação de prática. Foi o que tentei nestes textos: caminhar sobre as pegadas da mestra e tentar seguir o olhar profundo por ela lançado, a partir do fluxo das ideias e experiências trazidas pela vida. Sem respostas prontas. Nem mesmo quanto às páginas deste livro, que acompanha um momento do fluxo dos ensinamentos de nossa mestra, que vem de longe e segue adiante.

Seguem, então, mais quatro pequenos textos. Porque segue a prática.

Gassho
Leandro Gyokan Saraiva

Tantos budas quanto grãos de areia

Há o Buda histórico, que viveu há 2.600 anos na Índia, e que falava da existência de muitos, infinitos outros budas. Há a Natureza Buda, que é tudo o que existe: da mais ínfima micropartícula aos conglomerados de galáxias. Tudo é a Natureza Buda manifesta. E há a mente Buda, que cada um pode acessar por meio da comunhão com os seres iluminados, ou seja, a Sabedoria Perfeita, que já existe em nós. O caminho que leva a mente comum à mente Buda é percorrido a partir do esforço. Mas um esforço sem esforço. Se corremos atrás da Iluminação, ela escapa, pois caímos na dualidade: eu, que corro, e a Iluminação, que persigo, fora de mim.

Sabedoria é também saber que não se sabe

Precisamos explicar tudo? Perguntado sobre qual seria a causa primeira, da série de causas e condições que regem tudo o que existe, Buda permaneceu em silêncio. Mas ensinou que a mente humana é limitada para compreender o ilimitado. A isso chamamos de Natureza Buda.

A prática da felicidade

Criamos fantasias sobre a felicidade, confundindo-a com um estado desejado, impossível de ser mantido, de superexcitação alegre ou de plenitude absoluta. Buda ensina que felicidade é nirvana. Nirvana é paz, tranquilidade. Plena deve ser a atenção, a abertura ao cossurgir interdependente e simultâneo de todas as coisas. E o caminho para essa percepção plenamente desperta é a prática.

A ilusão do engano

Buda é aquele que despertou e ensina a despertar: estar plenamente acordado, usando sua energia vital em vez de viver num estado semiadormecido. E não existe outro momento para despertar senão agora, já. O estado Buda, desperto, é de clareza e discernimento, que já não se deixa enganar, nem pela própria mente, nem pelos outros. Enganos são ilusões. Logo, não faz sentido deixar-se tomar pela raiva e pela frustração quando somos enganados. Supere isso e perceba o que cada um é capaz de oferecer em cada momento. Se forem ilusões, aproveite a oportunidade para despertar.

Especificações técnicas

Fonte: Souvenir Lt BT 13 p
Entrelinha: 21 p
Papel (miolo): Offset 90 g
Papel (capa): Cartão 300 g
Impressão e acabamento: Loyola